【文庫クセジュ】

カタルーニャの歴史と文化

M・ジンマーマン／M＝C・ジンマーマン著
田澤耕訳

Que sais-je?

白水社

目次

まえがき　千年の歴史

「カタルーニャは千年以上の歴史を有する国である」――これは自治政府大統領ジョルディ・プジョル〔現在は、元大統領〕が好んで使う表現である。彼はこれによって、ある一つの「民族共同体」が、紀元一〇〇〇年より少し前に「固有の領土」という意識を持つに至ったということを言いたいのである。ある民族が、地理的空間を占有することによって自己主張を始めたというわけだ。

カタルーニャは、周辺諸国に対抗して国としての意識を持ちはじめたのちにも、完全な主権を有無を言わさず認めさせる機会にはほとんど恵まれなかった。カタルーニャは単独の君主というものを持ったことがない。唯一の主君を戴き、その法によって支配されたことがない。約一〇〇〇年のあいだ、その歴史は、隣国の歴史に束縛されたり、統合されたり、同化させられたりしてきた。国家を持たないために、カタルーニャ民族はほかの国家の一部を成さざるをえなかったのである。自分の領土にしがみつく、典型的な国家なき民族の地位に甘んじたのである。あるときは隣国や同盟国に存在を否定され、またあるときには破壊されそうになり、存続を脅かされたり、死に瀕したりすることもあった。いや実際、九八五年、〔アラブ軍の〕略奪にあった直後のバルセロナの公文書は「カタルーニャは死んだ」と嘆いてさえいるのである。しかしカタルーニャはそのたびに不死鳥のごとく蘇った。敗れはしても、消滅することはなかったのである。カタルーニャの人びとはジェノサイドに遭ったり、領土を追われたりすることはなかった。外敵の攻撃ををはねつけ、じっとうずくまってきたのである。政治的に支配されれば、経済的成功によってその意趣返しをした。事実、政治的に抑圧された時期と経済的繁栄の時期とのあいだには明らかに関連がある。「われわれは一つの国である」――カタルーニャ人が誇らしげにこう言うとき、彼は、このあたりまえの事実を改めて認めて欲しいと望んでいるわけではない。国としての伝統が途切れずに続いてきたのだということを主張しているのである。

彼らが、ある明確な歴史感覚を共有していることも確かである。それは、民族の創成期にあたる中世を重視する歴史感覚である。現代のカタルーニャ主義者でさえ、「（バルセロナ伯領をはじめとする）独立伯領」、「〔イスラム教徒から領土を奪い返したジャウマ〕征服王」、「バルセロナ〔地中海〕帝国」、「〔地中海征服の立役者たる傭兵部隊〕アルムガバルスの武勇伝」などや、そのような偉大な過去の物理的痕跡である「百人議会広間」、「サンタ・マリア・ダル・マル教会」のことを好んで話題にするのである。

民族とは歴史の産物である。ある一団の人びとが、周囲の人びととの対比において、連帯感や集団としてのアイデンティティーを持つようになったとき、民族は生まれると言うべきであろう。カタルーニャにとって、この「とき」とは、フランク王国による支配に続く数十年間に当たる。カタルーニャはシャルルマーニュの帝国から生まれたのである。十世紀以降、カタルーニャの集団的意識は、何かから離反するにせよ、何かに合流するにせよ、共通の行動となって現われるようになるのである。

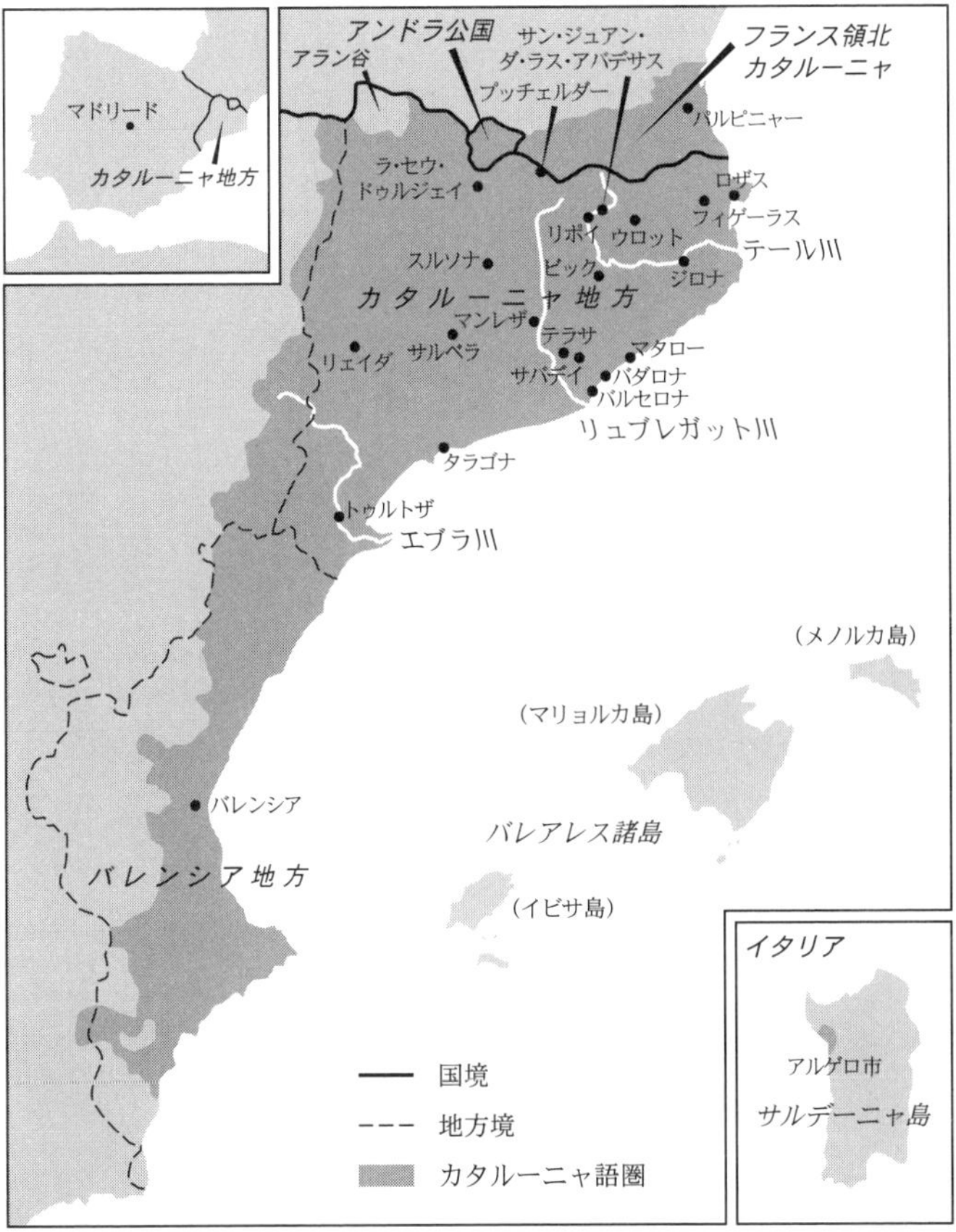
アンドラ公国
サン・ジュアン・
ダ・ラス・アバデサス
フランス領北
カタルーニャ
アラン谷
プッチェルダー
パルピニャー
マドリード
カタルーニャ地方
ラ・セウ・
ドゥルジェイ
ロザス
フィゲーラス
リポイ
ウロット
テール川
スルソナ
ビック
ジロナ
カタルーニャ地方
マンレザ
テラサ
マタロー
リエイダ
サルベラ
サバデイ
バダロナ
バルセロナ
リュブレガット川
タラゴナ
トゥルトザ
エブラ川
(メノルカ島)
(マリョルカ島)
バレンシア
バレアレス諸島
バレンシア地方
(イビサ島)
イタリア
アルゲロ市
サルデーニャ島
国境
地方境
カタルーニャ語圏

カタルーニャ語圏

民族の誕生は、単なる偶然の結果なのだろうか？　それともそれは、風景や人間にはるか昔から刷り込まれているものが具体化したものなのだろうか？　カタルーニャはその形状と位置ゆえに、やがて通行の地、交易の地になっていく。中継点であるがゆえに「異者」であることを運命づけられる。多くの歴史家たちが、カタルーニャは次々に異なった政体に編入されていくが、つねに周辺的で反中央的な存在でしかありえなかった、と指摘しがちなのはこのためである。この特異な運命ゆえに、カタルーニャの歴史は、いわばカタルーニャそのものよりも前に始まると言えるのである。

第一章　カタルーニャの先史時代

最も古い人類の痕跡は、一九七一年に、リス氷河期の初期にさかのぼる頭蓋骨が発見されたトタベル近くのアラゴー洞窟に残されている。つまり、最初のカタルーニャ人は三十万歳にもなるわけだ。バニョラスの湖岸の高台から出土した顎骨の持ち主の女性はそれよりもかなり若い。人びとが川岸の高台に住んだ時代の重要な遺跡を二つの地方で見ることができる。その地方とは、カタルーニャ北東部（トゥルエリャ・ダ・ムングリーのカウ・ダル・ドゥック洞窟）とバシュ・リュブレガットからサロウ、プリウラットへと広がる地域である。中期旧石器時代（紀元前八万〜三万五〇〇〇年）には、ネアンデルタール人はカタルーニャの大部分の地域に広がっていた。最も多くの出土品があるのはジロナ市近郊のサリニャーである。後期旧石器時代（紀元前三万五〇〇〇〜一万年）にはカタルーニャの人口は五〇〇〇から八〇〇〇人ぐらいだったと考えられている。彼らは二〇人から四〇人程度の小さなグループに分かれて、狩猟をしながら放浪していた。最もその数が多かった地域は、カタルーニャの北東部（ジルネス、アンプルダー）と同南部（バシュ・カム、プリウラット）の二つであった。どちらの地域にも近隣の地域と接触があった形跡が残っている。たとえば、ファルセットの工房はバレンシアやガンディアの工房と接触があった。

いわゆる「新石器革命」は、近東の進んだ文明からもたらされた牧畜、農業技術の結果である。新石器時代の人びとは紀元前六〇〇〇年頃に登場する。ムンセラット文化と呼ばれるものは新石器時代初期に属し、リュブレガット谷（コイバト）にその典型が見られる。牧畜民の特徴である、噴門土器とよばれる、球形の取っ手がある土器で、貝の模様がついたものが作られていた。新石器時代第二期（紀元前四〇〇〇年代）の特徴は、集団埋葬である。墓穴は平石、ときには石塚で覆われ、なかには、短刀、矢じり、首飾り、陶器など、かなりの物品が共に入れられる。人口の大幅な増加と、農耕のために定住するようになったことを反映して、カタルーニャ中央部の多くの場所（バリェス、パナデス、リュブレガット）で遺跡が発見されている。当時の彫刻のなかには、個人、とくに男性への権力の集中をうかがわせるものもある。

紀元前三〇〇〇年代の終わり頃に始まる青銅器時代には、カタルーニャも金属文明の一翼を担うことになる。ただし、新しい技術がつねに侵入者によってもたらされたとは限らない。この時代には、大きな部族が形成され、族長の権力が強大となった。しばしば戦争があり、集落は要塞化された。紀元前二〇〇〇年代の道具類、すなわちシレックス（火打石）の矢じり、長い刀、流線型の陶器などには多くの共通点がある。しかし、埋葬という新しい習慣ができたことによって、二つの文化圏が区別できるようになった。すなわち、北部では巨石文明が発達したのである。牧畜の民は巨大な石製の墳墓に集団埋葬を行なった（アンプルダーのサン・クリメン・ダ・サセバスに見られるような回廊付きの墓である）。一方、南部では、農耕民たちが自然の洞窟のなかに埋葬を行なった。紀元前二〇〇〇年末から一〇〇〇年代にかけての時期（鉄器時代）には、ピレネー山脈の南側にケルト人が住み着いた。イベリア半島がインド・

ヨーロッパ文明に組み込まれたことは決定的に重要である。最も顕著な変化は、個別埋葬の復活と、火葬の出現である。墓所は骨壺の置き場と化した。また、インド・ヨーロッパ化は、鐘を逆さにした形の陶器と新しい金属加工法をもたらした。

この土着の共同体は、ほかにも地中海の中央部および東部の人びとからも影響を受けた。彼らは地中海の交易路を通って錫を求めてやって来たのである。そしてやがて海沿いの地域に植民市を建てて住み着くようになった。フェニキア人はアンダルシア地方の錫に注目していたのだが、結局はイビサ島に落ち着いた。ロードス島からやって来たギリシア人はロザスに植民市を建設した（紀元前七七六年）。紀元前五七五年頃になると、ポーカイア人がアンプリアスを建設した。ギリシア人の植民市は辺りの人びとに決定的な影響を及ぼした。たとえばアンプリアスの近くでは、土葬式の墳墓に囲まれて、一貫して火葬を行なっていた土着民の集落跡が発見されている。

カタルーニャ人が自分たち民族の基盤だと考えているものの形成には、こうした外部からの影響がかかわっている。ローマの歴史家（ティトゥス・リウィウス、プリニウス）やギリシアの歴史家（ポリュビオス、ストラボン）はイベロ族に言及しており、また、その墳墓と集落の考古学的発掘によってその生活圏が再構築されている。

イベロ族は、長いあいだ歴史上の謎であった。十九世紀の歴史家たちは、その起源をアフリカに求め、イベリア半島に侵入してきたのだとした。現在も、その民族的起源は明らかになっていない。イベロ族の社会と文化は、部族内の発達状況でいえば、紀元前五世紀に最盛期を迎える。イベロ族はいくつかもの支族に分かれる。従来の分類では、海岸部に住む部族（インデゲテス族、ライエタニー、ラケタニー族）と、内陸の、より戦闘的な部族（アウセタニー族、セレタニー族、ベルギスタニー族、そしてイレルゲテス族）が区別される。彼らは本来の意味での王を持つには至らず、「プブラッツ」と呼ばれる石造りの集落に分かれて暮らしていた。その集落は守りやすい高台にあり、周囲には壁が巡らされていた。彼らの文明がギリシアの影響を強く受けていたことは、ウリャストレットの集落の発掘によって明らかになっている。彼らは鉄の加工法や、ろくろを知っており、貨幣を使っていた。また、ギリシアやイタリアと交易関係を維持していた。その言語の起源については異論が多い。石碑に残されているのだが、いまだ解読されていないのである。ギリシアとオリエントの影響が混在したということはエルチェの貴婦人像のような工芸品を見れば明らかである。

カタルーニャは、ローマ人の「ヒスパニア」征服の中心の一つであった。ローマ人はギリシア人と同じコースをたどってやって来て、その海岸部の支配圏を継承した。ところが、ローマ人は、フェニキア人の影響下にあった半島南部を引き継いだカルタゴ人と衝突することになってしまった。エブラ川を支配圏の境とすべく何度か協定が結ばれたが、紀元前二一九年、ハンニバルはサグントを占領し、ピレネー山脈を越えて、ローマへと軍を進めた。こうして第二次ポエニ戦争が勃発したのである。紀元前二一六年にはグナエウス・スキピオがアンプリアスに上陸し、エブラ川以北の地域を占領する。紀元前二一六年、その兄弟プブリウス・コルネリウスはレバンテを奪い、タラゴナを建設した。しかし、この二人の兄弟は紀元前二一一年、ハシュドゥバルとの戦いで命を落とす。その翌年、こんどは若きプブリウス・コルネリウス（後の「アフリカヌス」）がアンプリアスに上陸した。ハシュドゥバルがイタリアの占領を進めているあいだに、彼はカルタゴを攻め、イベリア半島からカルタゴ勢を一掃する。こうして紀元前一九七年、「ヒスパニア・ウルテリオール」（イベリア半島南半分）とカタルーニャを含む「ヒスパニア・キテリオール」（半島北半分）が設置された。しかし、ローマの半島征服は土着民の反抗に遭う。紀元前二〇四年、現在のリェイダ県のイレルゲテス族が、その首長インディビルの呼びかけに応じて蜂起する。反乱者たちは、以前からローマと同盟関係にあった近隣の集落を制圧した。紀元前一九五年にロザスに上陸したカトーは、武力によってイベロ族を抑え、ローマ化を推進しようとした。彼はイベロ族に集落を放棄させて平野部に住まわせるようにし、土着民の集落跡に町を建設した。これ以降、紀元前三八年（ヒスパニア時代の始まり）に「ローマの平和」が正式に始まるまで、カタルーニャでは反乱は起こらなかった。キリスト教時代の初期以後、ヒスパニア・キテリオールは帝国内でローマ化が最も進んだ地方であった。ローマへの同化は都市化を通じて行なわれた。植民市は、タラゴナ、バルセロナ、トゥルトザの三つしか建設されなかったが、旧ギリシア植民市がローマの港となった。現在も残っているような記念碑的な建造物が作られる以前に、これらの集落には自治市の資格が与えられていた。ヒスパニア・キテリオール、あるいはタラコネンシスと呼ばれる地域の首都であるタラゴナはローマ治下のスペインのなかで最も重要な都市となった。海際の七〇ヘクタールほどの土地に、帝国の儀式を行なうための公的部分と、植民市の部分に分かれた二層の都市が作られた。市内を横切るアウグストゥス街道はピレネー山脈とアル・ポルトゥス峠に通じ、また海路でイタリアやアフリカの港と簡単に行き来ができた。のちにカタルーニャとなる地域では、安定した社会情勢のなかで、三世紀中葉までには盛んな経済活動が見られるようになっていた。

三世紀の危機は状況を一変させる。タラコネンシスはフランク族とアラマニ族の第一回侵入を受ける。タラゴナも二六〇年から二六二年にかけて彼らに略奪された。この地方はその後も、二七〇年から四世紀末にかけて定期的に、ガリア帝国形成の試みに何度も巻き込まれることになる。五世紀はじめには、簒奪帝マクシムスがバルセロナに宮廷を置いた。四四一年、カタルーニャはバガウダエの乱〔農民の反乱〕に見舞われた。考古学的発掘により、大きな損害が発生し、多くの町が放棄されたことが確認されている。都市は城壁を巡らせて防御を固め、多数のキリスト教建築が造られた（一世紀末頃には、最初のキリスト教共同体がタラゴナに生まれていたことがわかっている）。商業活動は衰えを見せていた。ローマの都市アンプリアスも放棄されてしまった。五世紀全体を通してスペインは、四〇六年以来ガリアを荒しまわる蛮族の勢いの自然の捌け口の役割を負わされることになった。バンダル族はスペインを通り過ぎただけだったが、スエビ族はガリシアに腰を落ち着けた。また西ゴート族は、四八〇年以降、徐々にイベリア半島を占領していった。

西ゴート族はたしかに中世スペインの形成にはかかわったものの、その歴史的重要性は低く、ローマ以前の歴史の重要性にさえおよばないほどである。蛮族の王たちは懸命にローマ皇帝を真似て、その後継者をもって任じたばかりか、半島の統一を唯一の政治目標としたのである。そしてその願いは、レカレードがカトリックに改宗してすぐに達成された（五八九年、トレドの第三回宗教会議）。西ゴートの王国は、一つの首都と統一的な制度を持つ典型的な中央集権国家だったが、王国への出入り口に当たるという地政学的な位置のために特殊な立場にあったカタルーニャはある程度の独立性を保つことができた。

四一二年、アタウルフォ王に率いられた西ゴート族はガリアに侵入した。ナルボンヌを征服したあと、タラコネンシスに入ったアタウルフォはバルセロナに宮廷を構えたが、四一五年に暗殺されてしまった。後継者バリアは、四〇九年以来バンダル族に荒されていたスペインを解放するという任務を前王から引き継いでいた。四一八年、ローマ帝国皇帝ホノリウスはバリアを呼び戻し、その配下の人びととともにアキテーヌに定住させて、同盟王として遇した。四一八年から四五一年にかけてテオドリック一世はローマを助けてスペインに平和を取り戻すことに貢献した。四五二年には、トゥルーズを首都とするその王国はほぼ独立国となり、各方面に勢力を拡大したが、とくにピレネー山脈以南への侵出は目覚しく、エウリック（在位四六六～四八四年）はタラコネンシスとレバンテを征服した。しかし、その後継者アラリック二世はブイエの戦い（五〇七年）でフランク族に打ち破られた。東ゴート族のテオドリック大王の取りなしによって西ゴート族は絶滅を免れたが、その王国は南のスペインに移され、ピレネー山脈以北にはセプティマニアを残すのみとなった。「スペインとガリアにまたがる」王国も、安定を取り戻すまでに、数十年を要することとなった。テウディス（五三一～五四八年）はバルセロナに本拠地を置いた。その後継者アタナギルド（五五五～五六七年）は、最終的に居所をトレドへ移した。こうしてトレドが西ゴート王国の首都となり、カタルーニャは周辺的な役割に甘んじることとなるのである。

西ゴート王国の大きな弱点は、王の後継者を決定する規則を定めることができなかったことだった。

建て前としては、王は選挙で選ばれることになってはいたが、選挙は頻繁に軍事蜂起や、もはや「ゴート族の慢性病」と化していた政治的暗殺によって妨害された。王位簒奪の試みは、フランク王たちが一種の領土回復運動を展開していたセプティマニアで発生することが多かった。トレドの宗教会議に集まった西ゴートの司教たちは、王の聖別制度によって裏打ちされた真の選挙制を模索したが、成功には至らなかった。こうしてもたらされた王権の弱体化は七世紀末には王国周辺部で反乱を招くことになった。六七三年、セプティマニアとタラコネンシスで起きた反乱を指揮していたのは、パウロ公爵という人物であった。公爵は「東の王」と自称し、聖別を受けた。七一〇年、王国の有力者たちはロドリゴ公爵を王に選ぶ。先代の王であったビティーサの支持者たちはセプティマニアに再度結集し、その息子アキラを王として認知した。また、彼らはセウタ伯爵フリアンを介してベルベル人やマグレブ人との連携を模索した。七一一年七月十三日、グアダレテ川の河畔で、北アフリカ総督ムーサの奴隷から身を起こしたターリク・イブン・ズィヤードが率いる七〇〇〇のベルベル兵がロドリゴの軍を打ち破り、トレドまで占領した。それからの四年間でイベリア半島は彼らの手中に落ちてしまうのである（サラゴサ七一四年、タラゴナ七一五年、レバンテ七一六年）。アル・アンダルスの長官ワーリーに任ぜられたアル・フッルはバルセロナを征服しアンプルダーまで到達した（七一七〜八年）。その後継者アル・サハムはセプティマニアの征服を試み、七二五年にこれに成功する。このように迅速な征服の理由は、西ゴート側の極端な中央集権と貴族間の反目、そして住民の無関心に求められる。町々がまず侵略者に帰順し、それから降伏条約が結ばれることがほとんどだった。カタルーニャはよく抵抗したほうであった。タラゴナは破壊され、大司教プロスペルは、貴重な写本類とともにイタリアに逃れた。アキラが自分の領地まで奪われてしまったのち、カタルーニャはヒスパニアと運命をともにしてイスラム教徒の支配下に入ることになるのである。

〔リュブレガット川以東、以北の〕旧カタルーニャではアラブ人の支配は一世紀に満たないが、〔同川以西、以南の〕新カタルーニャでは十二世紀なかばまで続いた。それゆえ、アラブ人が遺跡や地名にその痕跡を残しているのは新カタルーニャのみである。この二重性はその後のカタルーニャの歴史にとって重要な前提条件となっている。

カタルーニャの征服はピレネー山脈の麓で終了し、そこがイスラム教徒の領土拡大の一つの限界となった。深い谷や山脈内の盆地に人びとは難を逃れ、抵抗の拠点を形成するようになった。イスラム教徒の権力の中心コルドバからみれば、カタルーニャ地域ははるか北方の辺境であった。カタルーニャはまたしても周辺部を占めることとなった。辺境では地方長官（ワーリー）たちの、離反運動も起こりやすかった。現に七三〇年、アキテーヌ公ウードの娘と結婚していた、タラコネンシスとセプティマニアのワーリー、ムヌーザが反乱を起こしている。土着の人びとは租税は納めていたが、みずからの習慣や法や宗教は維持していた。住民たちには、イスラムに反抗したり、領土を回復したりしようという気はまったくなく、東方から伝えられた文化を喜んで受け入れていた。

このような新しい状況が生じていたころ、北方ではフランクの勢力が増大し、世界の果てまでも福音書の教えを広げようという熱意に燃えた王が出現していた。

第二章　中世カタルーニャ
――民族の誕生、そして国家の形成と拡大（七八五～一四一二年）

Ⅰ　スペインからの離反、そして限定的な主権への歩み

七七七年、コルドバのアミール〔首長〕に対して反乱を起こしたバルセロナとウエスカのイスラム教徒ワーリーがパーダーボーンに赴き、シャルルマーニュに協力を求めた。二年前にイタリアを征服したばかりのフランク王が、スペイン征服に乗り出すことなどできるはずはない。こうして幸先悪く始まった七七八年の反乱はみごとな失敗に終わってしまった。しかし、その効果がまったくなかったわけではない。というのも、その後、多くのヒスパニア人がフランク王国内に避難して来て、自分たちの国を「解放」して欲しいと嘆願したからである。七八五年、ジロナの住民はシャルルマーニュに町を明け渡し、ウルジェイとサルダーニャの町もすぐにこれに倣った（七八九年）。ルイ・ダキテーヌはバルセロナに遠征軍を送り、長期に渡る包囲戦の末、これを落とした（八〇一年）。その後、エブラ川までフランク王国の領土を広げるために、八〇九年から八一一年にかけて何度かトゥルトザ攻略が試みられたが成功には至ら

なかった。こうして、カロリング朝の遠征は、スペイン解放どころか、わずかにリュブレガット川の北側の土地を切り取ることで終結したのである。

このスペインの一片は、ただちにフランク王国に編入され、さらにいくつかの伯爵領に分けられて、イスラムに対するキリスト教徒側の防塁の役割を果たすようになった。アラブの年代記作家は、バルセロナ以北が「フランクの国」である、と記している。一方、フランク人は、新たに設置された諸伯爵領を「ヒスパニア辺境区」と呼んだ。奪回されたピレネー以南の司教区は、すぐさまナルボンヌの教会の教区に編入された。そしてフランクのサン・ブノワ・ダニアンヌ修道院をモデルとして、修道院が再建された。

フランク帝国に組み入れられたのちも、住民は自分たちはゴート族であるという強い意識を保持していた。彼らは「ゴート人」と自称し、ゴート風の名前を名乗り、みずからの生活圏は「ゴティア」だと考えていた。自分たちの法（「我が法、父祖伝来の法」）と文化に愛着を感じていた。トレドで生まれ、フェリックス・ドゥルジェイによって広められた異端信仰、キリスト養子説が成功を収めたのも、旧西ゴート教会とのつながりを保ちたいという意識の現われであった。フランクの王たちは新たに支配下に入った者たちの個別主義を尊重しようとした。シャルルマーニュはバルセロナの人びとが民事の裁判を「独自の法律」で行なうことを許し、各伯爵領の運営はゴート族の伯爵家に任せた。一方、こののちの数年間は、さまざまな事件があった時期でもあった。八二〇年にはベラ伯爵が罷免され、八二六年から翌年にかけてはゴート人領主アイゾンの反乱があった。この反乱によって「政治的ゴート主義」は幕を閉じる。

住民らのゴート意識はもはやカロリング朝の王たちの統治にとって障害とはなりえなかったのである。シャルルマーニュの従弟であったベルナール・ドゥ・セプティマニーはシャルル禿頭王の王位を奪おうとしたピピン二世を支持したために八四四年に処刑された。その息子ギリェムは八四八年にバルセロナを占領したが、やはり八五〇年に処刑されている。

八七八年、ルイ吃音王は「カタルーニャ」の伯領の再分割を行なった。王はバルセロナとジローナを、八七〇年以降すでにウルジェイおよびサルダーニャ伯爵になっていたギフレに与えた。ギフレはクンフレンに定住していた一族の出身であった。ギフレの弟ミロはルサリョー伯爵の位を与えられた。その結果、ほとんどすべての伯領が土着の一家の手中に収まった。ギフレとミロはフランク王によって任命された最後の伯爵となった。以後、彼らは爵位を子孫に伝えてゆき、こうして一四一二年まで続く「王朝」〔歴代の伯爵は王を名乗ることはなかったが〕が始まったのである。歴史家たちは長いあいだ、この九世紀末の出来事を国と国との対立としてとらえてきた。つまり、ギフレ多毛伯は、独立したカタルーニャの初代君主という伝説的な役割を負わされることとなったのである。一五五〇年にバレンシアで書かれた物語では、金の地に四本の血色の筋、というカタルーニャの国旗の起源もその治世に遡るとされている。しかし、この「建国史」のロマン主義的な解釈はかなり大きな修正を要する。カタルーニャで起こったことは、歴史全体を見渡して判断せねばならないのである。つまり、フランク王にはもはや、伯爵の位が世襲となり、王国がいくつもの権力圏に細分化されることを止める力はなかったということにすぎないのだ。カタルーニャの伯領の世襲制にはなんら「民族的」反乱の要素はなかったのである。

大規模な植民活動が九世紀のさまざまな出来事の背景にある。その前の時代の騒乱によって人びとはピレネー山中に引きこもってしまっていた。ウルジェイの教会の聖別式の記録によれば、名前が挙がっている近隣の二七八の小教区の人口密度は一平方キロメートルあたり二〇人にものぼっていたと推察される。山地こそがカタルーニャの揺りかごだったのである。初期の政治的共同体（サルダーニャやウルジェイ）はピレネー山脈の懐の深い谷や盆地の奥にあったのだが、フランク王国の征服によって、人びとは動きはじめた。ゆっくりと海へ向って下って行き、そこでローマから受け継いだ町に再会したのである。こう新たに設置された伯領はジローナやバルセロナといった古い町からその名を取って名づけられた。こうしたピレネー山脈沿いの人口密集地とコルドバ政権の支配する乾いた平地のあいだには、支配者のはっきりしない広大な国境地帯が横たわり、そこでは背教者や無法者たちが跋扈していた。大胆な農民たちに触発されて、やがて権力者も植民に乗りだすようになる。その最も目覚しい例は、バジェス平野とビック平野の再征服で、このおかげで、それまで分断されていたギフレの伯領がつながったのである。ギフレが死去したときには、何千もの家族がそこに住み着き、しだいに行政機関や宗教的組織も整備されていった。八八五年にはビック伯領が成立し、大聖堂が修復されるとともにリポイ修道院（八八〇年頃）、サン・ジュアン・ダ・ラス・アバデサス修道院（八八五年）が建てられた。しかし、カタルーニャの諸伯領が脅威にさらされていたことに変わりはなかった。八九七年、ギフレが命を落としたのも、リェイダのバヌ・カシ家のリョップ・イブン・ムハンマドとの戦闘中のことであった。

十世紀のカタルーニャでは、二つの大きな変化が起こっていた。すなわち、フランク王国との結びつきが緩んだことと、ピレネー山脈の南の諸伯領間で連帯感が高まり、政治的統一が兆してきたことである。〔カタルーニャの歴史家〕ラモン・ダバダルのことばを借りれば「主権への第一歩」が踏みだされたことになる。フランク王はピレネー以南への介入をやめてしまった。フランク王はもはや辺境伯を任命することもなかったし、特許状を発行することもまれとなった。伯爵たちが、王の宮廷を表敬訪問することもなくなった。ただ司教と修道院長だけが、自分たちを保護してくれる王とのつながりを維持しようとしていた。

王権が及ばなくなったことによって諸伯領は増長し、君主、公爵、侯爵など大袈裟な位をみずから用いるようになった。また「神の恩寵によって賜わった伯爵位」などと称し、みずからの権力に箔をつけようともした。同時に、当初、不安定で混沌とした状態にあった諸伯領状態は、十世紀の終わりには、合併していくつかにまとまる傾向を示していた。そのなかでも最も強力だったのは、バルセロナ・ジロナ・ビック伯領で、これはギフレ多毛伯の死後も分裂することはなかった。この領地を治める伯爵はつねにギフレの一族の出身であった。共通の脅威に対抗するためには一族の結束を固めて、共同行動を取る必要があったのである。ビックが首都となったものの（九七〇年）長続きはしなかったということも、領土の共有がゆっくりと進んだという事実によって説明がつく。この頃の文書には、将来のカタルーニャ像が見え隠れする。リポイ修道院に残っている第三回献納記録簿は、歴代伯爵の寄進に言及したのちに、複数の伯領に散逸している修道院の財産を列挙しているのである。

このように内部で統合が進んでいたカタルーニャは身を守る必要を感じていた。フランクの王権が衰退したいま、代わりの庇護者を求めていたのである。半世紀にわたる休眠状態からカタルーニャは目覚め、「世界に扉を開こう」（ラモン・ダバダル）としていた。九五〇年以降、教会、世俗権力を代表する使節団が毎年のようにローマに送られた。教皇の教書が、王の命令にとって代わり、カタルーニャはその庇護下に入ることとなったのである。しかしながら、カタルーニャはその地理的条件から、近隣のカリフ国とも平和的関係を維持する必要があった。九五〇年、バルセロナ伯爵はコルドバに大使を送っている。その後、三回にわたり大使が派遣され、その結果、バルセロナ伯爵はイスラム政権の「庇護」を受ける、「忠実な」同盟者となったのである。

このような流れのなかで、九八五年から九八八年にかけて決定的な重要性を持つ出来事が起こった。歴史家たちは通常、この頃、カタルーニャ独自の歴史が始まったと考える。九八五年七月六日、バルセロナは、アル・ハカムの死以来、コルドバの国令を務めてきたアル・マンスールの軍隊の略奪にさらされた。町は焼かれ、住民は殺されるか、奴隷として連れ去られた。この事件は、同時代の人びとにとって大きな衝撃であった。それからの数十年というもの、公正証書は、まず冒頭で時代を区切る基準としてこの略奪を挙げていたほどである。しかし、最も重要だったのはその政治的な意味であった。危機に直面し、バルセロナ伯爵ブレイは庇護者、主君であるはずのフランク王ロタールに救援を求めた。しかし、フランク王国では、九八七年、ユーグ・カペーが王位についていた。救援の要請はユーグ・カペーの耳に入ったのだろうか？　カタルーニャ人たちは、自分たちが簒奪者と見なす者に救援を求めることは無理、と諦めたのだろうか？　ジェルベールの筆になるとされるブレイ伯爵宛ての書状のなかで、新しい王は、救援の条件として、とうてい受け入れがたい条件を要求している。こうして、この事件をきっかけに、フランク王とカタルーニャ伯領の関係は終焉を迎えたのである。

コルドバのイスラム勢力に脅かされたうえ、庇護者にも見捨てられたカタルーニャ人は、孤立無援の状況を自覚するとともに、フランクとサラセンの中間的位置に自分たちがいることを悟ったのである。このような政治的な動きがナショナリズムが脈打ちはじめるきっかけとなり、一〇一〇年のコルドバ遠征にほとんどの伯爵や司教が参加したことによってそれはいっそう明らかになった。ラモン・ダバダルはこれを、「カタルーニャの人びとが初めて自分たちの共同体を認めた行動だ」と位置づけている。しかしながら、紀元一〇〇〇年代の終わり頃にカタルーニャが独立していたと考えるのは難しい。たしかに一〇〇〇年前後には「主権への第一歩」を踏みだしてはいたが、それは、不正にとは言わぬまでも、混乱に乗じて手に入れられたものだったのである。まだまだカタルーニャは建設途上にあった。

II　アイデンティティーの確立と国家の建設

ゴート時代の秩序を取り戻そうという意志に続いて人びとが抱いたのは、彼らが紀元一〇〇〇年前後に「祖国」と呼びはじめた空間を住みよくしなければならないという気持ちだった。しかし、この時点では、それが将来カタルーニャになるだろうと予想することはできなかった。ほかの区分もまた可能だったのである。

　封建制の導入がカタルーニャにとっての第二のチャンスだった。そのおかげで、カタルーニャは「君主国」（プリンシパット）という政体を形成することができたのである。

　主権を手に入れた各伯領の公的な秩序は、権力を一手に握る伯爵の施策によって維持されていた。しかし、十一世紀の第二四半期に南部の社会全体を襲った社会的、政治的危機によって、この秩序の基盤自体が再検討を迫られることとなった。個々の利害によって同盟関係が形成され、それがやがて個別の主従関係の網を形づくるようになる。当時、どれほど混乱が広がっていたかということは、「神の休戦」と呼ばれる運動が、カタルーニャ地域で始まったことを見てもわかる（トリュージュ、一〇二七年）。これを提唱したのは、リポイの修道院長（一〇〇八年）でのちにビックの司教（一〇一八年）となったウリーバで、一週間の最初の三日間は、教会が諸侯の交戦権を制限することができる、という内容のものであった。

　伯爵たちは、貴族とのあいだに存在する忠誠と臣従関係を相互的な契約（コンウェニエンティアエ）に文書化し、それを基礎としてみずからの権力の建て直しを図った。つまり、彼らは貴族たちに、領地の一部を封土として与え、その対価としてみずからへの帰属を要求したのである。こうしてカタルーニャ社会は封建化していった。バルセロナの慣習法（ウザッジャ）の起源もこの時代にさかのぼる。バルセロナ伯爵は、自領内の貴族全員を直属の家臣としたのちに、その優位を活かして、臣従関係の網をほかの伯領へ広げていく。こうして将来、カタルーニャとなる、政治的同質性の高い領域が形成されるのである。主権を得て間もない伯領は、男子の跡継ぎがいなくなれば、バルセロナ伯領に編入された。バサルー（一一一一年）、サルダーニャ（一一一七年）、ルサリョー（一一七二年）などがその例である。この世紀の末に存続していたのは、わずかに、アンプリアス、ウルジェイ、パリャースのみだった。

カタルーニャの人びとは、自分たちの運命を自分たちで決められるようになると、かつて共に「ゴートの」土地を成していたセプティマニアとトゥルーズに対して連帯感を強く持ちはじめた。ラグラスやモワサックといったオクシタニアの聖地は、カタルーニャからの遺贈物を受け入れ、カタルーニャの伯爵たちはピレネーの北から奥方を迎えた。たとえば、ラモン・ブレイはカルカソンヌのエルメサンドを、ラモン・バランゲー一世はトゥルーズの女伯爵アルモンディを娶った。また、カタルーニャは政治的手段に訴えて領土拡大を図ることもあった。たとえば、ラモン・バランゲー一世はカルカソンヌとラゼの所有権を手に入れようとし、トゥルーズ伯の家臣たちに臣従を求めた。結局、トゥルーズの伯爵自身もラモン・バランゲー一世に忠誠を誓うこととなった。こうして、一〇八〇年頃には、ラングドック全体がバルセロナ伯爵の支配下に入っていた。しかし、この複合的な領土も、世紀末を待たずして崩壊してしまう。一一一二年、ラモン・バランゲー三世が、プロバンス伯爵の嫡女ドルサと結婚すると、バルセロナの野心はローヌ川の東に移るからである。

〔コルドバの〕カリフ王国解体後のイベリア半島におけるイスラム勢力の分裂は、カタルーニャの諸伯にとって、半島に政治的に介入するまたとない機会であった。バルセロナの歴代伯爵は、トゥルトザ、リェイダ、サラゴサといった周辺タイファ〔小王国〕を属国とし、その存続を認める代わりにパリアスという税を課した。彼らはエル・シドが治めるバレンシア君主国を奪おうとした。こうしてバルセロナ伯爵たちはキリスト教の失地回復戦に巻き込まれることになる。一〇九〇年には、元首都のタラゴナが回復され、一一二九年、大司教ウラゲーはノルマンディー出身の騎士ルベール・ブルデットに同市の再植民を委ねた。教皇から十字軍の特権を得たラモン・バランゲー四世（一一三一〜六二年）は「国際」軍を組織し、まずトゥルトザを落とし（一一四八年）、続いてリェイダとフラガを奪回する（一一四九年）。こうして、カタルーニャは、一一五三年には、その最終的な境界を確定するに至る。つまり、バルセロナ伯領はエブラ川まで南限を下げ、「新カタルーニャ」の基礎が築かれたのである。新カタルーニャにはかなりの数のイスラム教徒が住んでおり、彼らにはその権利と宗教が保証されていたが、それ以外にも植民可能な広大な土地が残っていた。植民にはサンタス・クレウス、プブレットといったシトー派の修道会も参加した。このような急激な変化は、政治的な形式にも影響を与えた。たとえば、バルセロナ伯爵は、代々相続してきたさまざまな伯領の名を肩書きとして挙げる代わりに、自分の支配が及ぶ範囲を添えて名乗るようになった（「サルサスからトゥルトザまで、リェイダからトレンプまで」というように）。

さらに、バルセロナ伯爵が王冠、しかも「外国」の王冠を戴くようになるべく状況は動いていた。それは、隣国アラゴンの王、アルフォンソ戦闘王が一一三四年、跡継ぎを残さずに死去したことに端を発する。アラゴン人たちは、ウエスカの修道院に入っていた王の弟ラミロを王位に就けた。新王は、トゥアール子爵の未亡人アニェスを娶り、すぐさま娘パルネリャを成した。アラゴン人は一一三七年、この子とバルセロナ伯爵ラモン・バランゲー四世を娶わせ、伯爵は「アラゴンの王位継承者」という肩書きを得ることになった。かくして、その子、アルフォンス一世（一一六二～九六年）は「バルセロナ伯爵、アラゴン国王」として、バルセロナ伯王家の創始者となったのである。ただ、この連合はあくまで、個人間の関係に基づくものであり、それぞれの国の独立性は尊重された。つまり、アラゴンでは王であったが、新生カタルーニャではバルセロナ伯爵として君臨していたのである。

「カタルーニャ」ということばが文書に現われるのは、連合が成立して間もなくのことである。「カタルーニャ人」という表現は十一世紀の最後の一〇年頃から確認されている。「カタルーニャ」という語が使われているのは、リベル・マイオリキヌス・デ・ゲスティス・ピサノルム・イルストリブス（『ピサ人マリョルカ遠征大活躍記』）というピサの書物のなかである。これはラモン・バランゲー三世がマリョルカ島に対して行なった遠征の様子を韻文で書き記したものである。ここで伯爵は「カタルーニャ人の英雄、カタルーニャ人の首領、カタルーニャ公」と称され、伯爵が治める国は「カタロニア」と呼ばれている。「カタルーニャ」という表記自体は、アルフォンス一世の治世まで現われない。一一七〇年以降、この名称は、公文書のなかで、「アラゴン」と対比して、バルセロナ伯爵が治める領土を示すのに使われるようになった。

「カタルーニャ」の語源についてはたくさんの仮説がある。しかし、ゴートロニア（ゴート人の国）や、ラケタニといった民族名に因んだものは、提唱者のこじつけに過ぎず、ムンカダ、タルニィアなどカタルーニャ史上重要な地名によるものには文書に残された根拠に乏しい。カタルーニャの歴史家たちはおおむね、一八九九年にバラリ・イ・ジュバニィが提唱した「カストラー」（castlà）を語源とする説を受け入れている。ピエール・ボネスは、「カタルーニャの軍事力は城主たちが独占していたが、外国人が直接接触していたのは城の衛兵、すなわち「カストラー」であったので、やがてこの国自体を、ひいてはその住民までをもこう呼ぶようになったのだ」と説明している。そしてカタルーニャの人びともこの名を受け入れ、みずからそう名乗るようになった、というのだが……。カタルーニャ・アラゴン連合王国の成立は、カタルーニャの運命にも少なからず影響を及ぼした。すなわち、カタルーニャはスペインと政治的かかわりを再び持つようになったのである。パルネリャと結婚した直後、ラモン・バランゲー四世はトゥルトザとリェイダの征服に乗りだした（征服が完了したとき、彼は自分を「スペインの雷鳴」と呼んだのだった）。一一四七年、カタルーニャの艦隊がカスティーリャ王国のアルメリア征服を助けた。伯王は、カスティーリャ王とトゥデリェン条約（一一五一年）とカソラ条約（一一七九年）を結び、その後征服されるイベリア半島の領土の帰属について合意した。これらの条約によってアリカンテまでの地中海岸をカタルーニャは征服できることになった。こうしてラモン・バランゲー四世は、スペインで最も大きな権力を持つ王となったのである。

Ⅲ　オクシタニア進出から半島内の再征服へ

カタルーニャ支配が確立すると、歴代のバルセロナ伯爵はピレネー以北の旧セプティマニアにその覇権を及ぼすことを考えるようになる。カタルーニャとセプティマニアのあいだには共通の言語と文化という強い絆があったからである。

ラモン・バランゲー四世はすでにカルカソンヌとラゼの宰相であった。さらにはモンペリエの領主ギィリェム七世、ナルボンヌの女子爵エルマンガルド、ベジエのトレンカベル子爵の帰順を受けていた。そしてベアルンの若いガストン五世の後見人にもなっていた。

カタルーニャのピレネー以北進出が最大の範囲に達するのはアルフォンス一世（一一六二〜九六年）の治世であった。王位について五年目にしてアルフォンスは最初の難局に直面する。王はカスティーリャと（カスティーリャのサンチャを妃としていた）プランタジネット家と同盟を結んでいた。旧版のゲスタ・コミトゥム・バルキノネンシウム（『バルセロナ伯年代記』〔一一六二年版以来、いくつかの版がある〕）によれば、王は反フランク感情を煽り、ピレネー以北への介入を繰り返した。一一六六年には、甥の死去に乗じてプロバンスを我がものとし、一一八五年に「プロバンス侯爵」を名乗る。また、ミリョ、カルラ、ル・ジェボダンに対する権利も主張する。その結果、王は、ラングドック〔南仏（オクシタニア）の地中海寄りの地方〕の諸君主国を統括して支配下に置くトゥルーズ伯爵との対立を余儀なくされる。アルフォンスは、ベアルン、ビゴーラ、フォシュらのピレネー諸伯領に圧力をかけて対抗した。一一七九年には、ベジエ・カルカソンヌ子爵がアルフォンスに帰順した。イタリア国境近くにまで至る地中海岸はほとんど王の手中にあった。アルフォンスはイスラムのムワッヒド朝征伐戦（一一九五年、カスティーリャはアラルコスで手痛い敗戦を喫する）に参加しようとするが、一一九六年、非業の死を遂げる。末子アルフォンスに遺贈されたプロバンスを除き、すべての権利は、長子ペラが相続した。

ペラ一世（一一九六～一二一三年）の治世は、壮大な計画と失敗に彩られている。まず王はイベリア半島の足場をしっかりと固めようとした。十字軍を率い、ナバス・デ・トロサの戦い（一二一二年）でムワッヒド軍を粉砕する。さらにペラ王は、ラングドックに覇を唱え、カタルーニャ・オクシタニア封建国家を建設することを望んだ。そして、トゥルーズ伯爵ライモン四世に妹を嫁がせ接近を図った。また、一二〇四年にはモンペリエの継承者であるマリアと結婚する。同年、忠誠を誓っていたローマ教皇イノケンチウス三世から王冠を授けられた。一二〇八年の対アルビジュワ〔南仏に広まった異端カタリ派〕十字軍派遣も、最初は王の立場にはなんら影響を与えなかった。ペラは新しいカルカソンヌ子爵シモン・ドゥ・モンフォールの帰順を受けていた。また、一二一三年には、義理の兄弟トゥルーズ伯ライモン七世もその家臣となった。ラングドックにおけるその権勢はいまや頂点をきわめていた。しかし、北方からの征服者フランスに対する抵抗戦が組織されたときには、王は、自分の家臣の側につくことを選んだ。一二一三年九月十二日、ミュレの敗戦で王のラングドックに対する野望は費えたのである。王は命を落とし、カタルーニャのラングドック支配は崩壊した。ミュレの敗戦によってカタルーニャは再びイベリア半島へと目を転じざるをえなくなった。一二五八年、ジャウマ一世とルイ九世のあいだで結ばれたコルベイユ条約は、カタルーニャがラングドックに対する介入を放棄する見返りに、フランスはカタルーニャの諸伯領に対する宗主権を放棄する、という内容だった。こうしてフランクの地に生まれ、地中海へと延びていったカタルーニャは、その出生の地を捨てることとなったのである。新王ジャウマ一世（一二一三～七六年）は、父王の死から五年間テンプル騎士団に預けられており、その間は大叔父のサンス・

ダ・プロバンスが摂政をして政治を行なっていた。成年に達したジャウマは、やがて「征服王」と称されるようになるのだが、その原因となった征服戦に乗りだす前にまず、さまざまな陰謀に打ち勝ち、貴族たちの反目を鎮めなければならなかった（一二二八年、ウルジェイ事件）。一二二九年、王はマリョルカ島を奪回し、バルセロナの慣習法（ウザッジャ）を導入して植民を図る。一二三一年、マリョルカ島の征服が完了すると、一二三五年、イビサ島も帰順を申し入れてきた。続いてジャウマはバレンシア王国の征服に取りかかる。バレンシアは一二三八年に降伏するが、そのまま独立した王国として維持されることになった。バレンシアの特別法（一二六一年）はバルセロナの慣習を優先すべきことを定めているが、住民にはアラゴン人とカタルーニャ人が入り混じっていた。将来の〔スペイン語（＝アラゴン人）とカタルーニャ語の〕二言語使用の原因はここにあるのである。一二六五年から六六年にかけて、ジャウマ一世はムルシアを征服し、植民を行なうが、のちにムルシアをカスティーリャのフェルナンド四世に譲ってしまった。

「コルツ」と呼ばれるカタルーニャ議会が誕生したのもジャウマ一世の治世である。伯王が貴族や聖職者を宮廷に招集して裁きを下したり、報奨を与えることを決定したりしていた場が、カタルーニャ社会の各階層の代表が集まる機関へと変化していったのである。伯王は諸都市の代表を集め、三つの階層に協力させることで国の安定と団結の強化を図ったのだった。議会では激しい議論が戦わされた。議会の権限は財政、政治、立法にまで及んだ。初期のコルツはビラフランカ（一二一八年）、トゥルトザ（一二二五年）、バルセロナ（一二二八年）などで開催されている。王の意志によって召集され、王が議長を務めるこの議会は、統治のために不可欠なものというわけではなく、王は議会を開かずに治めることもできた。議題がアラゴンとカタルーニャの両方にかかわるものであるときには、国境近くの都市で開催された（リェイダ、一二一四年、モンソン、一二一七年）。

ジャウマ一世の治世には、地方行政の萌芽も見られた。バルセロナでは、一二四九年と七四年に発布された憲章によって王権と地方自治権とのバランスをとることが試みられた。一二五八年に登場したクンサリェー（市議会議員）たちは、徐々に王の法務官の支配を脱するようになっていった。一二六五年、代表の数を一〇〇人に絞ったクンセイ・ダ・セン（百人議会）ができる。のちの海洋貿易の躍進を支えていたのは、このような地方自治の充実だったのである。つまり、一二二七年には、バルセロナの商人に一連の特権が与えられ、さらに一二六八年には、地中海航海の独占権までが供与されたのである。

ジャウマ一世の治世にカタルーニャの国土再征服は終了する。三つの王国の君主となったジャウマ伯王は一二七六年、バレンシアで死去する。残された領地は二人の息子が相続した。長子ペラはカタルーニャ、アラゴン、そしてバレンシアを継ぎ、次男ジャウマには、ルセリョ、サルダーニャ、モンペリエ、バレアールス諸島からなるマリョルカ王国が与えられた。マリョルカ王国は一三四五年まで存続する。

Ⅳ　地中海の大国カタルーニャ（一二七六～一四一二年）

アラゴン王国が、国際政治の表舞台に登場する日がやってきた。その恩恵にとりわけ浴したのはカタルーニャで、カタルーニャは、十四世紀には地中海の海洋国家となるのである。一二八二年三月三十一日、教皇によってシシリア国王の座に据えられたアンジュー家のシャルルの統治に不満を持った島民たちが反乱を起こし（「シシリアの晩鐘」）、彼らは、前シチリア王の娘ホーヘンシュタウフェン家のコンスタンサと結婚していたアラゴンのペラ二世（一二七六～八五年）を王として戴くことにした。ペラ王は教皇にすぐさま破門され、王位も剝奪された。王位はフィリップ三世「大胆王」の息子に与えられた。フィリップ三世は対カタルーニャ十字軍を率いてジロナを包囲するが、ペストの流行によって包囲を解かざるをえなくなる。フィリップはパルピニャーで病死し、やがてあとを追うようにペラ二世も死去するのだった。

ペラ二世の子、ジャウマ二世（一二九一～一三三七年）はシシリアを弟のフラダリック（シシリア王フラダリック二世（一二九六～一三三七年））に譲るが、一二九五年、教皇の介入によってアンジュー家と和睦し、弟と敵対することになる。こうして兄弟相争う戦争の末、一三〇二年にカルタベロッタの和約が締結される。フラダリックはシシリアの王位を守り、ジャウマ二世はピサ人の手からサルジニアを奪い取ることになる。シシリアを巡る争いには、まだ先があった。カタルーニャとアラゴンの傭兵部隊である「アルムガバルス」は、フラダリックのもとで戦ったのち、トルコに脅かされているビザンチン皇帝アンドロニコス二世に雇われることとなった。この「大遠征」で、彼らは侵略軍をシリシア〔現トルコ、アナトリア半島〕まで押し戻した。しかし、凱旋したアルムガバルスの首領ルジェ・ダ・フローは、その野心に不安をもったビザンチン皇帝に暗殺されてしまう（一三〇五年）。これによって「カタルーニャの復讐」と呼ばれる報復戦が帝国内で展開されることになる。傭兵部隊はトラスを戦火と流血の場と化し、マケドニアとアトスの諸修道院を略奪した（一三〇八年）。さらに、中央ギリシアのフランクの領土の一部や、テーベ、アテネまで奪ってしまう。そして一時はそこにアテネ公国、ネオパトリア公国を樹立しさえしたのである。

ペラ三世儀典王（一三三六〜八七年）は、一三四四年にマリョルカ王国を征服し、アラゴン・カタルーニャ連合王国の統一を回復する。王は国家の結束を維持するために、各王国の境を明確にしようとするが、父王の遺志に従い、ソブラルべとリバゴルサをアラゴン王国に譲ることには同意する。ローマ法の影響を受けたカタルーニャの法律家たちが「君主国」（プリンシパット）という名称でカタルーニャを呼ぶようになるのはこのときからである。「君主国」とは、独立していながら、その支配者が「王」を名乗らない場合の国を言う。カスティーリャとの争いに終止符を打つべく、ペラ三世は、カスティーリャのトラスタマラ家のエンリケの息子であるファン皇太子に娘を嫁がせる。ジュアン一世（一三八七〜九五年、在位中に、バルセロナのユダヤ人街で反ユダヤ暴動があったことで知られている）が男子の跡継ぎを残さずに死去すると、王位は弟のマルティ一世「人情王」によって継承される。ところがマルティ王も一四一〇年に、跡継ぎを残さずに死去してしまうのである。

後継者の選出は、連合王国内の三つの王国〔カタルーニャ、アラゴン、バレンシア〕から代表それぞれ三人が集まって作られた委員会に委ねられることになった。委員会はカスプで開催され、ペラ三世の孫にあたるカスティーリャのフェルナンド・デ・アンテケラが選ばれた。この「カスプの妥協」(一四一二年六月二十八日)によって、カタルーニャに外国の王朝が誕生することとなったのである。

「其方《そち》たちが持っている数々の特権や法のことを考えれば、其方《そち》たちはこの世で最も自由な者たちだと言えようぞ」。こうペラ三世は何度も繰り返したと言われる。プリンシパットにおいて早い時期に本来の意味での国家が成立し、国民意識が表に現われることを可能にしたのは、十四世紀に確立されたいくつかの自治的機関であったと言える。

いくつもの国を治めねばならぬ必要性から、王はそれぞれの王国に常任の代表を任命するようになる。この代表は、当初は執政官(プルクラドー)と称され、のちには代官(グベルナドー)と呼ばれてそれぞれの王国の利益の代弁者となる。そのうえに、総督(リョックティネン・ジェネラル)が設けられ、王権の代理として皇太子がこの地位に就いた。十五世紀になると、王の兄弟や王妃がなることもあった。カタルーニャでは、代官のもとに二〇の裁判区が置かれ、それぞれの長が「ソマテン」という自衛組織を率いて治安の維持に当たっていた。伯爵領や王領から入る通常の税収だけでは、王の出費をまかなうのに充分ではなかった。そこで王は議会(コルツ)の臣民に援助を求めざるをえないことになる。こうしてカタルーニャの人びとは、早くも国家の運営にかかわるようになっていたのである。

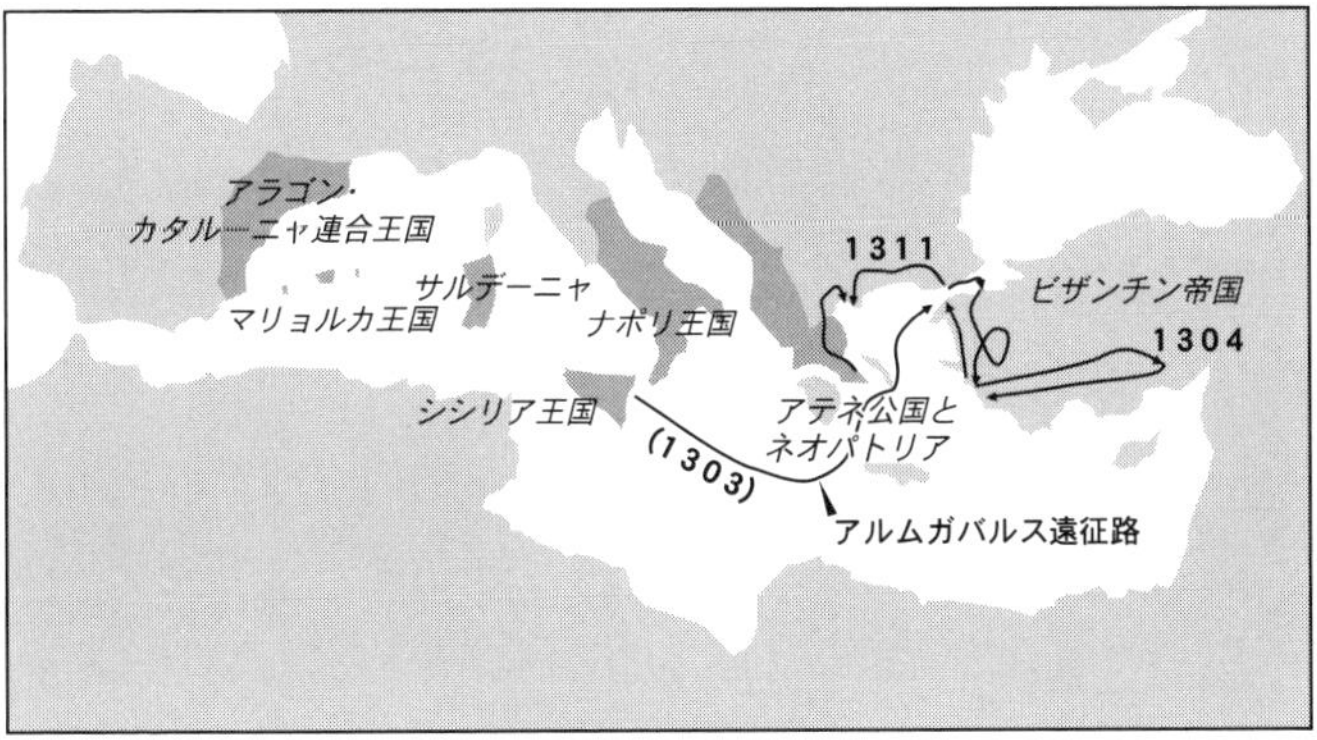

アラゴン・カタルーニャ連合王国の最大範囲とアルムガバルスの進路

カタルーニャ議会（コルツ）の最盛期は十三世紀末であった。三本の「腕」（ブラス）、すなわち教会、貴族、そして王領の都市の代表からなる議会は定期的に開かれる立法機関として王権をチェックし、制限する機能まで持つようになった。一二八三年、バルセロナで開かれたコルツは、以後、すべての法律の成立には、コルツの承認が必要だということを決定した（「われわれが望み、われわれが決定する」）。王が中心となって定められる法（コンスティトゥシオ）以外に、議会は独自の法（カピトルス・ダ・コルツ）を採決できたのである。このような立法責任の共有は、カタルーニャ流協約主義の最も完全な形であった。

一三五四年のサルベラのコルツで、「ディプタシオ・ダル・ジャナラル」または「ジャナラリタット」と呼ばれる、議会の常設代表部が作られることが決まった。議会と議会のあいだの空白が埋められることなったのである。一三六二年以降は、三人の代表（各「腕」一名ずつ）が参加し、一三六四年からはバルセロナに置かれた。つまり「ジャナラリタット」とは、議会で決定されたことの執行機関なのである。最初は、決定された貸付金の回収を確実に行なうことを任務としていたが、やがて、慣習法やそのほかの法の擁護の任に当たることになった。王が不在のときや、非常の場合には、ジャナラリタットが国を統治した。一七一四年まで、コルツは民族が真の意志を表明する場であり、一方、ジャナラリタットは王とならんで国を恒常的に代表する機関でありつづけた。フランセスク・エシメニスが「君主と共同体の統治」に書いている通り、この二つの機関は、アラゴン王国の王に（とくにカタルーニャにおいて）公正な統治者というイメージを与えることに役立ったのである。

ジャウマ一世はすでに、カタルーニャの地中海進出の基礎を築いていた。その後継者たちはその遺志を継いで、目覚しい働きを重ね、ついには「カタルーニャ帝国」ともいうべきものを形成し、イタリアの諸海洋共和国と対立することになった。バルセロナの経済は、十三世紀以降は、海洋交易を志向するようになったように思われる。イスラムの海賊との戦いによって、カタルーニャ人たちは早くから高い航海術を身につけていた（たとえば、海図作製技術では、ほかのヨーロッパ諸国を大きく引き離していた）。バルセロナの職人は船足の速いガレー船を造ることができた。カタルーニャ商人たちは地中海岸沿いに支店網を広げ、マグレブ〔北アフリカ〕の主な港にも「アルフォンディックス」という商品の集散基地を持っていた。一二五八年にバルセロナで設立された特別海事裁判所「クンソラット・ダ・マル」が任命する領事のもと、商人の居住地も各地に作られた。さらに商人たちはアレフ、ダマスカス、ロードス、キプロス、ギリシアといった近東にも勢力を伸ばしていった。このような経済的な活動圏の拡大を支えるために、カタルーニャは地中海中央部に政治的な拠点を必要とするようになる。こうして一二八二年、シシリアが占領された。さらにジャウマ二世は教皇から一二九五年にコルシカとサルジニアの領有権を与えられるが、征服に成功したのは後者だけであった（一三二四年）。アルモガバルスの遠征の最後を飾ったのはアテネ公国の建設であった。一四四二年には「カタルーニャ帝国」の版図はナポリ王国まで達していた。

不安定ながらもアテネ公国は一三八八年まで存続した。アラゴンの王たちは政治的、経済的手段によって、交易を守ろうとした。一二二七年には、ジャウマ一世は、カタルーニャの船舶の船倉が一杯になるまでは、外国の船がバルセロナ港で荷を積むことを禁止した。地中海全体に権限の及ぶ商業組織や海事法ができたのもプリンシパットの首都バルセロナであった。十五世紀初頭、バルセロナにはすでに商品取引所（リョッジャ）があった。十四世紀中頃には、古くからの海事慣習を集めた『リィブラ・ダ・クンスラット・ダ・マル』（海事慣習法集）が作成されている。この本は一四八四年に刊行され、その後のヨーロッパ各国の海事法の手本となり（一五一九年にイタリア語訳が、一五三九年にスペイン語訳ができている）、数世紀にわたり地中海圏共通の慣習法として用いられた。二名の領事と、控訴審判事一名から成る「クンスラット・ダ・マル」（海事裁判所）は一三八〇年以降、その裁判権をバルセロナの商業活動全体、さらには商人の同業者組合にも及ぼしていた。一三九四年、商人たちは、「商人会議」という組織を新たに結成し、海事領事のほかに「商品保護官」を任命することになった。彼らは職人たちを味方に付け、古い家柄の「市民」たちと張り合うようになる。その結果、一四五五年、市の制度改革と長期にわたる派閥間の闘争（商人や職人から成る「ブスカ」対富裕市民から成る「ビガ」）が始まった。

経済史家たちによれば、カタルーニャ経済の圧倒的な絶頂期は一四二〇～三〇年（一三二〇～三〇年、の誤りか）頃まで続いた。そののちに、危機を予感させるような一連の災厄に襲われる。一三三三年の飢饉（「最初の悪い年」と呼ばれる）、一三四八年のペストの流行、一三五七年のイナゴの来襲、一三六二年、七一年、七四年のペストの流行、一三七三年の地震、一三七三年から七四年にかけての飢饉、一三八一年の繊維市場の暴落、一三九一年の暴動……。カタルーニャ民衆は、試練の一世紀に疲弊していた。一三九〇年頃の人口は、世紀の初めの七五パーセントにまで減少した。衰退を示す材料はそろっており、君臨する王家を中心に一世紀にわたって育まれてきたアイデンティティーが再検討を迫られかねない状況であった。

第三章　低迷と従属（一四一二〜一八三三年）

カタルーニャの歴史家ファラン・スルダビラは以前、カタルーニャがもし引き続きカタルーニャ出身の王を戴いていたら、その独立を失うことはなかっただろう、と書いた。この説は、新王の母がカタルーニャ伯の血を引いており、トラスタマラ家〔カスティーリャの王家〕の王がカタルーニャに同化することも不可能ではなかったという事実を考慮に入れていない。一方、トラスタマラ王家がみずからの利益のために、半島を統一することを望んでいたことも事実である。新王はカスティーリャ王国の摂政を務め、アンテケラの征服で名を挙げたところだった。カタルーニャ人の願いとその王の望むものが異なっていたことは一四六二年の「革命」で明らかになる。そして王が勝利を収めたことで、来るべき王朝統合の下準備ができたのである。

I 外国の王朝とカタルーニャの反乱（一四一二〜七九年）

平穏な治世ののち、フェラン一世（一四一二〜一六年）は王位を長子に譲る。アルフォンス五世寛大王（一四一六〜五八年）である。王の時代に、カタルーニャの地中海進出はその頂点に達した。王はナポリの女王ジュアナの養子となっていたので、女王の死（一四三五年）後、イタリアの諸侯に支持されていたもう一人の王位継承権者アンジュ家のルネと対立することになった。ポンツァの戦いで勝利を収めたアルフォンスは、一四四三年、ナポリ王国の王位に就く。一人の王が地中海を挟さむ二つの王国の王となったわけである。王が死ぬときには、アラゴン連合王国の版図は最大となっていた。イベリア半島、イタリアの王国に加え、アルバニア、スロベニア、マルタ、そしてエーゲ海のいくつかの島がその支配下にあった。北アフリカのいくつかの王国も王に貢物を贈り、カタルーニャの船舶はエジプトの港にも自由に出入りすることができた。文芸を愛し、メセナ活動にも熱心だったアルフォンス王は、十五世紀の最も権威ある君主の一人だった。しかし、彼は、イベリア半島の自分の領地にはあまり関心がなく、王妃のマリアに任せっきりだった。ただし、戦費調達のために税だけは厳しく取り立ててはいたが。

すでに兆していた危機は、ジュアン二世（一四五八〜七九年）の即位とともに噴出した。まず、「ナバラ王国の継承権を巡る父子の争いの結果、いったん取り上げられていた」イベリア半島の諸王国の総督の位が長子カルラスの手に戻されることになる。ところが父王ジュアンはこれを認めず、投獄してしまう(一四六〇年)。しかし、カルラスを支持する都市の有力者と対立することを嫌う王は、結局カルラスを解放して総督の地位に戻し、都市の代表(ディプタシオ)の了承なくバルセロナに滞在しない、という条件も飲まざるをえない羽目となった。それから二年後、カルラスが死去すると、王による毒殺だという噂が流れ、「カタルーニャ内戦」が勃発する(一四六二〜七二年)。ディプタシオが自由を守るために軍を結成したのに対抗し、ジュアン二世はフランス王ルイ十一世から戦費金貨三〇万アスクッツを借り入れる。ジュアン王はその担保としてルサリョーとサルダーニャを差しださねばならなかった。バルセロナではさまざまな階層が対立し、都市は分裂状態にあった。また農民も、王権と結びついて、領主に反乱を起こした。ジャナラリタットは、カスティーリャのエンリケや、ポルトガル皇太子ペドロ、アンジュー家のルネにジュアンに替わって王位に就くことを持ちかけるが、長引いた戦がジュアン二世に味方し、包囲されたバルセロナは、一四七二年に降伏した。内戦後のカタルーニャ、とくにその一方の中心であったバルセロナは疲弊の極にあった。

カタルーニャの慣習の軽視、商業活動の低迷、そして内戦がその原因だった。トラスタマラ王家の責任は重い。その最も大きな過ちは、王家間の問題に関するものだった。すなわち、一四六八年にジュアン二世が息子のファランと、カスティーリャ王エンリケ四世の妹にしてカスティーリャの皇女であったイサベルの結婚を取り決めたことである。このいとこ同士の二人は翌年、バリャドリッドで婚礼を挙げた。

Ⅱ　カトリック両王と不遇のカタルーニャ（一四七九年〜一五一六年）

フェルナンド〔カタルーニャ語名ファラン〕は一四七九年にアラゴン王となるが、カスティーリャではその五年前から統治を始めていた〔妻、イサベル一世が一四七四年、カスティーリャ女王となったため〕。歴史家たちは長いあいだ、この年をスペインの統一の年だとみなしてきた。一方、カタルーニャ人たちは、自分たちの政治的アイデンティティーが失われた年だと考える。ところが実際は、この婚姻は、厳密に個人的なもので、二つの王国は依然として別々だったのである。プリンシパットもその法や制度を維持していた。したがって、この結婚をカタルーニャ消滅の原因と考えることはできない。

カスティーリャの前には、アラゴンもカタルーニャもくすんで見えた。この婚姻は、釣り合いのとれないものだった。豊かで人口の多いカスティーリャは隆盛を極める国であった。一方、カタルーニャは十四、十五世紀に人口が激減し、伝統的な交易も、トルコが地中海に覇権を唱えるようになって途絶えてしまっていた。「かつての安定した社会、強力な王家、活発な交易など想像するのも難しいほどの凋落ぶりであった」（ジュアキム・ナダル）。商業活動の中心が大西洋に移ったことも沈滞をいっそう深刻なものにした。ヨーロッパでの王権の強化や国家統一の気運の高まりは、フェラン王が一四八一年の「権利確認法」（コンスティトゥシオ・ダ・ウブザルバンサ）のなかで認めたカタルーニャの協約主義、そして商人社会の実利主義とは相容れないものだった。事実、イサベルは「アラゴンはまったくわれわれの思い通りにならない」と憤っている。諸般の事情から、宮廷はトレドに置かれることが多くなっていた。このようなことすべてが、カタルーニャの弱体化の表われであった。機構上のアイデンティティーはかろうじて保たれてはいても、政治的には隅に追いやられ、文化もぱっとせず、エリートたちはカスティーリャへと引き寄せられて行った。

カトリック両王は結婚によって一体となったスペインを共同で統治した。両王は「余、王。余、女王」と同じ形式で書類に署名し、政治的方針も共有していた。さまざまな問題によって荒れたカスティーリャにおいて、彼らは王の権限を強化し、貴族たちの特権を廃し、王立宗教裁判所を創設して教会の権限を狭めた。国家統一の情熱と信仰への奉仕心に駆り立てられるように両王は、〔イベリア半島最後のイスラム王国である〕グラナダ王国征服に乗りだし、これを一四九二年に達成する。この年はまた、ユダヤ人追放とアメリカ大陸発見の年でもあった。両王は勢いを緩めることなく、国家を復興し、帝国の基礎を築いた。このような事業がアラゴン王国に影響を及ぼさないはずはない。王国を留守にしがちなファラン王は、副王を介して統治を行なっていた。一四九四年、王は副王に加えて、国王諮問院を設置した。バルセロナで一四八〇年と八一年に召集されたコルツにおいて、王は「カタルーニャ君主国諸法」を遵守することを認めざるをえなかった。しかし、その後数年かけて、王は徐々に「王に有利な」〔歴史家ビセンス・ビバスの言〕制度を導入していく。たとえば、一四九三年にはジャナラリタットの主要な役職の抽選選択制も王の意向を反映した形になった。王はまた、経済の衰退を食い止め、カタルーニャの繊維産業を守るために一連の保護貿易主義的な政策を実施した（一四八一年、商品規制法）。領主の気まぐれな暴政に農奴的農民（ラメンサ農民）が叛旗を翻した第二次ラメンサ戦争（一四八一〜八五年）で、農民がバルセロナ近郊にまで迫ったおりには、王は「グアダルペの裁断」（一四八六年）を発して、ラメンサ農民に対する「悪習慣」（マルス・ウゾス）を廃止して農民に自由な身分と、賃貸契約に基づく農地の用益権を与えた。

他方、フェランは自国内の伝統とはそぐわない強権的な政策を実施することもあれば（一四八四年、異端審問所）、自国の利益とまったく反する施策をすることもあった（一四九二年、ユダヤ人の追放）。また、王の臣民は、〔カスティーリャ王国独自の事業であった〕アメリカ植民とアメリカ貿易からは排除されていたのである。

ファラン王は一五〇六年にイサベルに先立たれ、一五一六年に死去する。イベリアの二つの王国は、ガン〔オランダ〕生まれの孫のカルロスが受け継ぐこととなった。カルロスはブルゴーニュとオーストリアの継承権者でもあり、やがて（一五一九年）、神聖ローマ帝国皇帝となった。この広大な領土のなかにあっては、カタルーニャは、貧しく、取るに足らない、片隅に追いやられた小国でしかなかった。しかし、その社会組織のなかで、そして住民の意識のなかで、活力と誇りの火が消えることはなかったのである。

Ⅲ　ハプスブルグ朝スペインのなかのカタルーニャ――政治的同化と民族的抵抗（一五一六～一七〇〇年）

十六、十七世紀――この二世紀を歴史家たちは「衰退の時代」と呼ぶ。

その実態は、カタルーニャがスペインという結合体に組み込まれていく過程である。組み込まれはしたものの、地方の自由は尊重された。ただし、王権の強化により、いくぶん中央集権的傾向は強まっていたが。

制度上、重要なのは副王の存在である。カタルーニャ人は副王を、外国人による統治の象徴だと見なしていた。そして副王に、土地の伝統である協約主義を突きつけた。その下に二人の代官がおり、王を「代弁」していた。しかし、裁判権や免責特権があまりに多種多様であったため、せっかく王側がプリンシパットから獲得したこの職制もあまり役には立たなかった。しかし、王権も数々の制限、とくにコルツを召集せねばならないという義務を廃止することに努めた。ハプスブルグ家の王たちがコルツを召集する頻度は次第に間遠になっていった。カルロス五世〔スペイン王としてはカルロス一世〕は七回招集している。フェリペ三世は一五九九年に一回、フェリペ四世は一六二六年に一回開いただけである。カルロス二世に至っては一度も開催しなかった。コルツは弱体化したが、ジャナラリタットの権威は強化された。

そのおかげで、危機にあってもアラゴン王国は「絶対王権の気ままな抑圧からは守られていた」（H・S・エリオット）。国家の利益とカタルーニャの独自主義の対立はフェリペ二世の治下により鮮明となる。カタルーニャは、一五七一年のレパントの海戦に積極的に参加したものの、それによってバルセロナとカスティーリャの関係悪化を食い止められたわけではない。一六〇九年のモリスコ〔キリスト教に改宗したモーロ人〕追放は〔カタルーニャ・〕アラゴン連合王国の経済状態をさらに深刻なものにした。

十六世紀は、〔カタルーニャ・〕アラゴン連合王国の農業再生の世紀でもあった。放置されていた農地が再び耕されるようになり、「自由」になったばかりの農民たちは活力にあふれていた。その結果、物価は上昇したが、それも極端というほどではなかった。（カタルーニャは、アメリカからの銀の流入によって起きたインフレの影響を受けていなかった）。刺激を受けて商業活動、手工業活動も復活した。ピエール・ビラールは、十七世紀初頭に達成されていた状況は「プリンシパットの将来の経済にとって、絶好の出発点と言えるものだった」と述べている。

フェリペ四世の治下（一六二一～六五年）のカタルーニャは、カタルーニャ人の自由に対する執着と、王のますます旺盛になる資金需要がぶつかりあう舞台となった。一六二六年、バルセロナで開催されたコルツに資金の要求が提出された。しかし、コルツは採決を拒んだ。一六三五年、スペインがフランスに宣戦布告し、ルセリョが戦場となると、緊張はさらに高まった。プリンシパットの戦費負担の増大と、兵の徴用は、民衆の強い不満の原因となった。一六四〇年一月にパルピニャーの戦闘が終わると、農民と歩兵（テルシオス）のあいだの紛争が頻発した。六月七日のキリスト聖体の祝日に、収穫のためにバルセロナに集まっていた農民たちが「農地万歳！　裏切り者と悪代官に死を」と叫んで暴動を起こした。武器庫が略奪に遭い、副王は殺害された。こうして収穫人戦争（一六四〇〜五〇年）が勃発したのである。「喰らえ鎌の一振りを！」と歌う、現在のカタルーニャ国歌の起源がここにある。

暴動は政治的な革命へと変質していった。教会の参事を務めるパウ・クラリスに率いられたジャナラリタットは三身分会議（ジュンタ・ダ・ブラスス）を召集し、カタルーニャの自由を守る決議をする。いったんはカタルーニャ共和国が宣言されるが、議員たちは、すぐにルイ十三世をバルセロナ伯爵に戴くことを決定した（一六四一年一月）。こうしてスペインから分離したカタルーニャは、スペインに宣戦布告する。ルイ十三世がルサリョーを占領すると、フェリペ四世は恩赦の勅令を発して懐柔策を取る。結局バルセロナは、一六五二年に降伏、カタルーニャは再びフェリペ四世の支配下に入ることとなった。新しい副王フアン・ホセ・デ・アウストリアは巧みな融和政策をとった。スペインとフランスの戦争は一六五九年まで続いた。この戦争後に訪れた平和は、カタルーニャにとって高いものについた。なぜなら、ピレネー条約によってルセリョー、クンフレン、バリャスピー、カプシーのほか、三三のサルダーニャの町がフランスに割譲されたからである。この割譲がコルツになんら諮られることなくなされたので、カタルーニャが受けた衝撃は大きかった。ただし、カタルーニャとカスティーリャの関係については、カタルーニャの自由が守られ、現状が維持される、という結果になった。

その後の数十年間は、アメリカ貿易への参画を渇望する商業ブルジョワジーの意向を反映し、法律が遵守された。しかし、それ以降は、カタルーニャは、いつ終わるとも知れぬフランス・スペイン間の紛争に巻き込まれつづけた。一六七五年、八四年、八九年と三回にわたってカタルーニャはフランスの侵入を受けた。一六九七年には、バルセロナはルイ十四世の軍に占領され、フランス王はバルセロナ伯爵の称号を奪おうとした。カルロス二世に後継者がいないという状況を利用して、王はさらに大きな栄光を狙っていたのである。

Ⅳ スペイン継承戦争とカタルーニャの自由の終わり（一七〇〇〜一四年）

カルロス二世は一七〇〇年十一月一日、跡継ぎを残すことなく死去した。それに先立つ十月二日に、王はルイ十四世の孫にあたるフィリップ・ダンジューを後継者に指名していた。フィリップはフェリペ五世としてマドリードに入った。他のヨーロッパ強国は、ハーグ同盟を結成し、レオポルド皇帝の息子であるカール大公を後継者として擁立した。こうしてスペイン継承戦争が始まる。

フェリペ五世は一七〇一年十月にバルセロナに赴き、プリンシパットの諸法に宣誓した。しかし、人びとはフェリペ王にフランス流の中央集権主義と権威主義の臭いを嗅ぎ取り、その人気は芳しくなかった。一七〇五年、カタルーニャは、カール大公を支持して反乱を起こした。オーストリアと英国は共同で大公をカルロス三世としてバルセロナにて王座に就けた。

ところが、カルロス三世側にとって戦況ははかばかしくなかった。そこで、一七一一年、カルロス三世が神聖ローマ帝国の帝位を継ぐことが決まると、王はさっさとバルセロナをあとにしてしまった。その後は、もっぱらカタルーニャが戦場となった。身分制議会は一七一三年、カタルーニャ「最後の会議」を開き、徹底抗戦を決議した。しかし、その一三カ月後の一七一四年の九月十一日、バルセロナは降伏することになる。この日は、みずからのアイデンティティーと政体を守るために最後の戦いに臨んだ人びとの鎮魂のために、いまでも国民の祝日となっている。

カタルーニャはスペイン軍の占領下に置かれ、独立性を奪われた。「新国家基本法」（一七一六年一月）によって、コルツ、ジャナラリタット、百人議会などの組織はすべて廃止されてしまった。副王は、軍、民両方を統括する軍総司令官兼総督に取って代わられ、王が任命する法官からなる王立司法院がこれを補佐することになった。裁判官も王室代理官（コレヒドール）に入れ替わった。大学は、サルベラ大学を除き、すべて閉鎖された。公の行事や裁判でのカタルーニャ語の使用は禁止となった。フェリペ五世は一七一七年、「カタルーニャの町々にカスティーリャ語が導入されることを強く望む」と、その意向を表明した。また、バルセロナを監視するために、要塞が建設された。ブルボン家の反カタルーニャ的政策に対するカタルーニャ人たちの怨念は長く続き、いまでもカタルーニャでは、トイレのことを「フェリペの家」と皮肉を込めて言うほどなのだ！

ある亡命者は、一七一四年に「国としてのカタルーニャは終わった」と嘆いた。一方、歴史家たちの見方はさまざまである。少数エリートが独占し、硬直化していた諸組織が根絶やしにされたことによって、十八世紀の飛躍的経済発展が可能になった、と見る向きもある。また、一七〇五年の反乱は、ブルボン朝の中央集権主義によってカタルーニャに封じ込めらることを恐れ、「スペインの運命に介入せざるをえなくなった」（ピエール・ビラール）中産階級の仕業であると考える者もある。ただ、国家の喪失が、カタルーニャの歴史の新たな出発点となったという点では皆意見が一致している。マドリードに政治的に従属したカタルーニャは、経済の上でスペインを再征服しようともくろむことになる。

V　「近代スペインのなかのカタルーニャ」または、経済的復讐（一七一七〜一八〇八年）

『近代スペインのなかのカタルーニャ』というピエール・ビラールの代表的著書の題名は、十八世紀のカタルーニャの歴史は、スペインという枠組みのなかでとらえなければならないということを示唆している。すなわち、その歴史は、一地方の歴史つまり他の地方となんら変わりなく、スペインという国家の影響下におかれ、しかもその魅力的な交易相手となりうる地方の歴史と化してしまったということだ。新しい権力機構は一七二〇年頃にはできあがっていたが、諦めの境地にあったカタルーニャ人のなかにはそんなことに関心を払う者はなかった。強力な中央集権制のおかげで、カタルーニャには大勢の非カタルーニャ人官僚が流れ込んだ。市の議会も、マドリードの政府が任命する王室代理官にしっかりと押さえられていた。ただし、私的権利、封建的裁判権、そして職能組合は維持されていた。フェリペ五世の治世以降は、諸制度は調和的、「弁証法的」（ピエール・ビラール）に発達していった。王たちは啓蒙専制君主として君臨し（カルロス三世、一七五九〜七八年）、多くの官吏が、経済的発展によって「小さな英国」と呼ばれるようになったカタルーニャに感嘆の念を抱いていた（バルセロナ警視総監、フランシスコ・デ・サモラ）。

過去を懐かしむ声はめったに聞かれず、「スペインという国」の一部を成しているという感情は根づいたように思われた。カタルーニャ語の使用も明らかに後退していた。一七六八年には学校でカスティーリャ語を使うことが義務化された。一七七二年、帳簿がカスティーリャ語化された。歴史家アントニオ・デ・カムナニィが予言したように、おもな文書はすべてカスティーリャ語で書かれるようになった。貴族階層は完全にカスティーリャ語だけを使い、カタルーニャ語を使うのは農民ぐらい、という状況になってしまった。

有力者たちは、こぞって経済的発展に尽力した。カタルーニャは一六八〇年以降、すでに目覚しい復興を遂げており、利益の蓄積が、農村部の工業化開始を可能にし、（たとえばナルシス・ファリウ・ダ・ラ・ペニャが著書『フェニックス・ダ・カタルーニャ』で提唱したような）大規模な計画に基づく商業活動も活発になっていたのだが、一七一四年の災厄ですべてが無に帰してしまった。ふたたびカタルーニャ経済が復活するのは、ようやく一七二六年から二八年にかけてのことであった。

カタルーニャの人口は、七〇年間で二倍以上になった（一七八七年の人口は九〇万人だった）。この人口増加のおかげで、「無人の荒野」と化していたセグラ川流域とエブラ川流域に再植民したり、海岸線の村々を上村（ダルト）と下村（バシ）の二重構造にしたり、さらには、谷間の工業地域を拡大したりすることができた。一七一八年に三万四〇〇〇人だったバルセロナの人口は、一七八九年には一〇万人になり、そしておそらく、世紀末には一二万五〇〇〇人に達していたものと思われる。人口の増加は経済の発展（とくに一七二〇年から五〇年にかけての農業の発展）にも好影響を及ぼした。カタルーニャ全土で大規模な開墾が行なわれた（たとえばエブラ川デルタの湿地の干拓）。灌漑施設も急増したが、たいていの場合、それは個人的な努力によって成し遂げられたものだった。（一七二三年から一八〇八年にかけて二一七五件の設置許可が下されている）。ブドウの栽培が相当な拡大を見せ、いくつかの地方では、単一栽培が行なわれるようになった。しかし、農業生産の中心は、マジアと呼ばれる伝統的農家の周辺で展開される、多種多様で豊かな作物生産であった。マジアはよく組織された家族単位の生産拠点で、「アレウ」という長子相続制によって富の蓄積が可能となっていた。二ないしは三世代が「家長」の権限の下に共同で生活する「家長の家」（カザ・パイラル）が農業の発展を支えたのである。長期的な物価の上昇によって特徴づけられるこの時期には、農家の収入も五倍増の伸びを見せたのである。

一七五〇年以降は、農業の発展に続いて商業の大飛躍が見られた。小麦が輸入され、ワインと蒸留酒が輸出された。バルセロナの海運業にも活気がもどった。「港湾使用税」の税収は一七六〇年から一七九六年のあいだに実に七倍になっている。商業の復興は、一七五八年に「バルセロナ特別商業会議」（フンタ・パルティクラル・デ・コメルシオ）が設立されたことにも現われている。会議は、かつてゴシック期に交易商品取引所（リョッジャ）があった古典的建物のなかに置かれた。この会議が、やがてカタルーニャのダイナミズムを経済活動へと導く、商業会議所の役目を果たすことになるのである。

商業の復活は、必然的にアメリカ市場開放要求へとつながっていく。一七五五年には、サント・ドミンゴ開発を目的とするバルセロナ王立商社が設立された。一七六五年、ついにアンティーリャス諸島との「自由貿易」が承認され、一七七八年には貿易許可はアメリカ全地域に拡大される。二〇〇隻の船舶を擁するバルセロナの商業活動は爆発的に拡大したが、一方で、コスタ・ブラバ地方やマレスマ地方の小さな港もそれなりに活気づいた。カタルーニャの輸出は一〇年間で一〇倍になり、かなりの量の貴金属が流入した(一七九二年には、四八〇〇万レアルに上っていた)。

一七六〇年から第三次経済発展期が訪れる。国内市場の拡大が伝統産業を活性化したのである。羊毛産業(サバデイとタラサ)、製紙業(一八二六年には一六六の企業があった)などがその代表である。製粉業から製糸業、製油業、製鉄業に至るまで、水車の急増は近代化というよりは「経済的に豊かになったこと」(ピエール・ビラール)の象徴であった。英国の石炭が登場するのは一七八〇年以降のことである。最も目覚しい変化は、綿工業の誕生だった。インド更紗の成功は、その後一世紀にもわたって継続するカタルーニャの名声の基礎となった。最初の工場設置許可は一七三七年にさかのぼるが、本格的な操業開始は一七六〇年であった。一七八〇年、工場数はすでに八〇にのぼり、二四五二の織機が二七万三六〇〇のインド更紗を生産していた。一〇〇人規模の従業員を雇う独立大企業が誕生するのもこの頃のことである。

このような「機械的」職業の急増とブルジョワの勝利を許すことによって、ブルボン王朝は、カタルーニャの活力を経済に向ける役割を果たしたことになる。つまり、スペインの一地方になりさがったカタルーニャは、地方は地方でも国内随一の経済先進地方となったのだった。

カタルーニャ・ブルジョワジーの活力はフランス革命の頃の出来事にも反映されている。フランスの国民公会がスペインに宣戦布告した際に（一七九三年三月）、都市の民兵たちは正規軍に協力したのである。また、一七九四年五月、みずから解放者をもって任ずるデュゴミエ将軍のもとで、公共衛生委員会はカタルーニャを姉妹共和国にしようとした。もっとも、彼らはスペイン側の志願兵（ミクレ）の大軍に、バーゼル条約（一七九五年七月）まで悩まされつづけるのだが。

VI　スペイン独立戦争と初期自由主義の挫折（一八〇八～三三年）

十九世紀の最初の三分の一は、社会が根本から変わった時期であった。アメリカ植民地の喪失の始まり（一八〇八年）、フランスとのやむなき同盟、経済の崩壊をもたらす「平和」の到来、これらの状況がカタルーニャのブルジョワジーに社会秩序の変革の必要性を悟らせたのだった。ただ、このような意識はあくまでもスペインという枠内でのことだった。いわゆる「スペイン独立戦争」（一八〇八～一四年）は、カタルーニャがかつての自由を取り戻す役にはまったく立たなかったのである。

カルロス四世は王位をナポレオンに譲る。そのきっかけはデュエーム将軍がバルセロナに入ったことだった。しかし将軍はカタルーニャを平定することができず、全土で反乱が起こる（ブルックの戦いでフランス軍は敗北を喫する）。抵抗戦を指揮していたのは、カタルーニャの上級評議会だった。オージュロー元帥は一八一〇年、フランス贔屓の人びとに働きかけて妥協を図った（カタルーニャ語を公用語として認めることや、自治を条件とした）。一八一〇年から一二年にかけての激しい掃討戦によって（ムンセラット修道院の焼き討ちを含む）シュシェはおもな都市を制圧することに成功した。こうしてカタルーニャは帝国に編入され、四つの県に分割された。一八一三年以降、ナポレオンは軍の一部を本国へ呼び返さざるをえず、この結果、反フランス・ゲリラの活動が再び活発化する。多くの犠牲者を出した「独立戦争」は、領主への年貢の支払い中断などの要因で、カタルーニャ社会を不安定なものにした。一八一二年にカディスで開かれた議会の採決結果にもかかわらず、絶対王政が復活したが、フェルナンド七世はすぐに失望を味わうことになる。なぜなら自由主義派の軍人の蜂起が頻発し、カタルーニャではこれをブルジョワジーも労働者も支持したからである（一八一七年、ラシィ将軍の陰謀）。一八二〇年の〔リエゴ大佐の〕クーデターはバルセロナにおいて熱狂的に受け止められた。しかし自由主義が先鋭化し、教会の存在が脅かされたり、一八二二年に農民反乱が起こったりするようになると、神聖同盟諸国は懸念を抱くようになった。一八二三年四月七日、「サン・ルイ王の一〇万の息子たち」と呼ばれるフランスの遠征軍が、フェルナンド七世を「解放」するためにスペインに侵入した。退却にあたり、軍はバルセロナに居座り、一八二七年まで占領した。

その後数年にわたり（一八二七〜三三年）、超王党派は、フェルナンド七世の「悪政」に不満を募らせ、その弟であるカルロスを王位に据えようとした。一八二七年の「被害者の乱」で、王党派はカタルーニャの北部を支配下に置いた。フェルナンド七世は戦乱を終結させ、バルセロナへ赴く。王がバルセロナをあとにしたのちに、エスパニャ伯爵が、新しい総督として着任し、一八二八年から三二年にかけて、正真正銘の恐怖政治を敷いた。こののち、フェルナンド七世の後継者問題が再びカタルーニャ社会を引き裂くことになる。

第四章　カタルーニャのルネサンス
――政治的自立回復と挫折（一八三三～一九七五年）

十九世紀のカタルーニャには二重の動きが見られた。つまり、カタルーニャ人が、国家の政治に益々深くかかわるようになる一方で、バルセロナとマドリードの考え方の違いがことあるごとに目立つようになったのである。中央政府が保守であるときには、カタルーニャは自由主義的であった。中央で自由主義派が政権につき、中央集権、自由貿易、画一主義を標榜したときには、カタルーニャではカルロス党〔超王党派〕が力を得ていた。カタルーニャ社会で最も活力のある層は、反自由主義思想を擁護し、その結果、世紀の前半には、旧体制を支持するようになったのである。そして一八六〇年以降は、その姿勢はさらに明確となっていった。対立は経済政策にも及んだ。カタルーニャ人は、自分たちの産業を保護するために保護貿易主義を支持した。他方、カスティーリャ人は、自由貿易主義論者であった。結局カタルーニャ人は、一九〇六年、高率の関税障壁を獲得することに成功したのである。

成長を遂げつつあるカタルーニャの産業が、スペイン市場を征服しようとしていた、ということがキーポイントである。この成功は、カタルーニャの過去の栄光を再発見しよう、というロマンチックな感情を呼び覚ました。そしてまさに、カタルーニャ文学、カタルーニャ語のルネサンスというべき現象が起こり、それを反映してさらに政治的権利の要求が強まるのだった。

I　動乱スペインのなかのカタルーニャ
――カルロス主義と自由主義の狭間で（一八三三～九八年）

フェルナンド七世は成年に達せぬ王女を残して死去し、王妃マリア・クリスティナが摂政となった。マリア・クリスティナは自由主義派のメンディサバルを蔵相に起用し、メンディサバルは教会財産の没収〔永代所有財産解放令〕など反教会的な政策をとるとともに、中央集権を強力に推進した。カタルーニャが四つの地方に分割され、その政治的統一に終止符が打たれたのもこのときである。

摂政マリア・クリスティナに反対し、フェルナンド七世の弟カルロスを王位に就けようとする一派はカルロス党を結成した（カルリスタ）。カルロス主義は、ブルジョワ的自由主義に脅かされる伝統的な価値への執着を特徴としていた。また、中央集権国家に反対し、かつて地方が持っていた自由を擁護した。第一次カルリスタ戦争（一八三三～四〇年）は、カタルーニャに大きな影響を及ぼした。政府が制定した自由主義的法制に反対し、バルセロナで蜂起が起こったのである（一八三五年）。過激な一派が最高統治評議会を結成し、反乱を指揮するとともに、反宗教的、革命的施策を実行した。評議会は軍隊によって解散させられ、一八四〇年、戦乱は終結する。

政治は混乱の極にあった。一八四二年、バルセロナの職人たちが、摂政を務めるエスパルテロ将軍の政府に対して反乱を起こした。〔進歩派のエスパルテロがマリア・クリスティナを摂政の地位から引退させた〕。一八四三年には、プリム大佐がクーデターを起こしてエスパルテロ政権を倒す。穏健派の軍隊は、長期に渡る包囲戦の結果、やっとバルセロナを陥落させることができたのだった。第二次カルリスタ戦争が一八四六年に勃発し、カタルーニャを戦場として一八四九年まで続いた（マティネースの乱）。一八五〇年から六〇年にかけて、マドリードで連続して起こった軍事蜂起（プロヌンシアミエント）に呼応する形で、バルセロナで何度か民衆の暴動が起きる（一八五四年）。カタルーニャでは政治的欲求不満を徒に募らせる結果に終わったのだが。一八六八年の九月、カタルーニャ生まれのプリム将軍の「革命」が成功し、イサベル二世は退位に追い込まれ、普通選挙が実施される。その後、スペインの王位には、サボイア家のアマデオが就くこととなった。ちょうどその頃、第三次カルリスタ戦争が起こった（一八七二〜七五年）。アマデオは退位し、一八七三年二月十一日に共和制が宣言された。一方、三月八日には、バルセロナでカタルーニャ共和国が宣言される。スペイン共和国大統領となったカタルーニャ人のアスタニスラウ・フィゲラスは連邦制樹立の約束を反故にする。続いて大統領となった、同じくカタルーニャ人のフランセスク・ピ・イ・マルガイ（一八七三年六月から七月）は社会改革のために重要な法令を発布したが、共和国は一八七四年一月三日、崩壊する。一月九日にはブルボン王朝が復活し、アルフォンソ十二世が即位する。歴史家たちは一八六八年の「九月革命」を、カタルーニャがスペインを連邦制に向わせようとした試みである、と解釈する。しかし、民族感情が復活したとはいえ、それは、ブルジョワジーを王政から離反させるだけの力にはなりえなかった。たとえブルボン王朝にせよ、王政は社会の安定と商売の永続性を保証してくれたからである。カタルーニャのブルジョワジーは、民族的要求と進歩主義を同一視し、中産階級を信用していなかったため、自分たちとは究極的目的を異にする王政で満足することにしたのである。

十九世紀のカタルーニャは、ほとんどつねに紛争のなかにあり、戒厳令が常態化していた。しかし、それにもかかわらず、その経済面や知的活動面では著しい発展がみられた。

Ⅱ　経済の変動と民族ルネサンス

カタルーニャ社会は、例外的とも言えるダイナミズムを見せた。人口増加のリズムもきわめて速かった。十八世紀の末には九〇万人ほどであった人口は、一八五〇年には一七〇万人、一八九〇年には二〇〇万人になっていた。スペイン全体の人口に占める比率でいうと七・八パーセント（一七八七年）から一〇・七パーセント（一八六〇年）に上昇したことになる。一八〇〇年に一〇万であったバルセロナの人口は一九〇〇年には五〇万を超え、マドリードの人口を上回っていた。カタルーニャの人口の増加は恒常的な人口移動を生んだ。地方の主要都市を含む中規模都市の人口は、一八五〇年以降は、停滞するか減少した。

カタルーニャは「産業革命」と呼んでも差し支えないほどの経済的変動を経験した。一九〇〇年頃のカタルーニャの工業生産高は一七億ペセタに達していた。これはスペイン全土の工業生産高の実に七四パーセントに当たる。鉄、石炭などの原料がないために製鉄業では（そして一八五六年には機械業、造船業でも）第二位に甘んぜざるをえなかったが、繊維工業、とくに綿工業では、大きく二位以下を引き離して独走状態にあった。驚異的な発展の秘密は機械化にあった。カタルーニャで最初の蒸気機関は一八三二年に設置されていが、一八四八年にはそれが一三五台にまで増加していた。製糸業ではミュール精紡機が一八三二年に導入された。一八五〇年以降、製糸業は完全な機械化へ向かい、近代的な自動紡績機がすでに工場設備の五割を占めるようになっていた。織機の機械化は遅れ気味で、一八六一年にようやく一万台を数えた。一八六〇年から七〇年にかけては、水力の利用がカタルーニャ工業の一つの特徴となった。リュブレガット川やテール川に沿って、いくつも工業団地が建設された。その総面積は一九〇〇年前に最大に達していた。このころには、三万八〇〇〇台の精紡機が稼動していた。カタルーニャはキューバやアンティーリャス諸島へ製品を輸出し、もちろんスペイン国内市場も確保していた。羊毛業もこれに劣らず重要であった（一八六一年にはスペインの総生産高の六〇パーセントを占めていた）。このほか、コルク、農業・食料品、服飾、出版、家具などの産業も発展していた。

商品流通により、交通手段のインフラ整備も進行した（一八三一年に外輪船が登場し、一八四八年にはバルセロナ、マタロ間に鉄道が敷かれた）。一八八八年にはバルセロナで万国博覧会が開かれる。経済の拡大とともに金融市場の必要性が叫ばれるようになり、一八四四年に設立されたバルセロナ銀行を皮切りに、数多くの銀行が誕生した。そのなかには、少額預金を扱う貯蓄金庫も含まれていた。バルセロナの株式市場は一八五一年に設立されている。

産業の発展とともに、活発なブルジョワジーの地位も上昇し、いくつかの、お互いに緊密に結びついた有力な家族が出現する（ボナプラタ家、グエイ家、マテウ家など）。彼らを中心に、多数の企業が集まって「工場協会」が設立された。協会は、保護貿易主義を擁護したり、職業技術教育を推進したりする活動を行なった。一方、労働者の労働条件は劣悪であった。一八三〇年から四〇年に至る時期に初めてストライキが打たれ、それが組織化されるようになる。一八四〇年には、スペイン初の労働組合、機織工組合がカタルーニャで誕生した。ほかにも労働組合が結成され、一八四一年には労働組合同盟が結成された。労働運動は一八五五年、政治運動とは袂を分かち、バクーニンの理論の影響のもとに、政治的な解決方法を拒絶するようになった。こうしてアナーキズムがカタルーニャの労働運動の基本思想となったのである。

カタルーニャの「独自性」を象徴するのが、一八三三年に始まるカタルーニャ文化ルネサンス（ラナシェンサ）である。ラナシェンサは、「民族」のアイデンティティー復活を標榜するとともに、政治的な要求も掲げ、カタルーニャの政局を混乱させた。つまり、大ブルジョワジーがスペインの政治に参加すべきか、カタルーニャのために闘うべきか決めきれずにいたのに対し、中産階級は迷わずカタルーニャ主義を支持したのである

第一次共和制が失敗に終わったことによって、政治的カタルーニャ主義にも道が開けた。バランティ・

アルミライは一八七九年、初のカタルーニャ語新聞「カタルーニャ日報」を創刊した。彼は一八八〇年に第一回カタルーニャ主義会議を開催し、「カタルーニャ・センター」を設立した（一八八六年）。また、一八八六年に出版された著書『カタルーニャ主義』でその連邦主義の主張を展開した。一八八五年には、英国とスペインの通商条約締結を控え、カタルーニャの利益保護を訴えるため「被害者の請願」を作成し、国王アルフォンソ十二世に提出した。

一八九一年、新たに「カタルーニャ連盟」が創立され、一八九二年にはマンレザで開かれた会合では、カタルーニャの地方憲法の草案（マンレザ草案）が起草された。

精神性を重んじる保守主義者たちは、カトリックの信仰に根ざしたカタルーニャ的価値観に固執した。たとえば、一八九〇年、ビックの司教であったトラス・イ・バジェスは『カタルーニャの伝統』を出版し、民族感情とキリスト教信仰を結びつけようとした。カタルーニャ主義は、現実には、「複合国家スペインのなかの一つの国としてのカタルーニャ」という考え方となって現われた。一八九四年、アンリック・プラット・ダ・ラ・リバとその友人ムンタニョラが出版した『カタルーニャ主義要諦』はこのような目的を持って書かれたものである。この本は、キリスト教の教理を教えるための問答集である公教要理を模した体裁をとっており、一〇万部を売る大ベストセラーとなった。もっとも当局により発売を禁止されてしまうのだが。

一九〇六年に出版した『カタルーニャ民族』のなかでプラット・ダ・ラ・リバは、その政治的理論の仕上げとして「カタルーニャが一国家として、スペインのほかの民族が作る国家とともに、連邦を成す」

権利を主張するに至る。

一八九八の危機〔米西戦争敗北〕は、スペインにみずからの歴史を振り返えらせる好機となったのだが、カタルーニャ主義者にとっては新たな政治的現実の幕開けのように思えたのである。

Ⅲ　カタルーニャ主義、新たなる政治的挑戦（一八九八～一九二一年）

〔米西戦争の結果締結された〕パリ条約は、カタルーニャの産業資本家に不安をもたらし、結果的に政治的混乱を引き起こした。カスティーリャのエリートたちが意気消沈していたのに対し（カタルーニャの詩人マラガイは「物悲しげなスペイン」と形容した）、カタルーニャ人たちは改革を目指して意気軒昂であった。

一八九八年以後、カタルーニャの産業は停滞から脱却する必要性を訴え続けた。彼らはバルセロナ自由貿易港の創設、関税徴集権の地方への移譲、経済政策の明確化などを求めた。また、ポラビエハ将軍の地方分権計画を支持した。一九〇〇年一月、その一分派が「地方主義同盟」を結成し、地方行政の独立を求めた。このような流れのなかでは、「地方主義同盟」がプラット・ダ・ラ・リバの「カタルーニャ連盟」と接近するのはむしろ当然の成り行きであり、両者は一九〇一年の選挙で統一候補を擁立、その後、一九〇一年四月二十五日に合併し「地方主義連盟」となった。その会長の職にはプラット・ダ・ラ・リバが就いた。

「地方主義連盟」はカタルーニャ主義、カタルーニャ自治獲得を掲げる政党として、都市の産業ブルジョワジーの支持を得、バルセロナ選挙区で多数党となった。

「連盟」は、その後、カタルーニャの政界で決定的な働きをすることになる。しかし、一九〇二年のゼネストののち、一九〇三年と五年に行なわれた選挙では、「連盟」はアレハンドロ・レルーの率いる政党に敗北を喫する。レルーは、「労働者の代表」、「反教会」、「スペイン支持」を掲げ、労働者をブルジョワ的カタルーニャ主義から引き離すことに成功したのである。一方、明確な政策を打ちだすことを迫られた「連盟」は、カタルーニャを「救済」し、スペインを「再生」することが連盟の総意であると表明した。（そのモットーは「カタルーニャがスペインを征服することから始めよう」であった）。弁護士で芸術保護者（メセナ）であったフランセスク・カンボーがその代表的論客だった。一九〇六年、週刊誌『ク・クット』と『カタルーニャの声』の出版元が軍将校の一団の襲撃を受けて以来、地方主義各党は広範な選挙協力体制を組むようになり、その結果結成された「カタルーニャの連帯」は、一九〇七年四月の総選挙で四四議席中、四〇議席を獲得するに至った。一九一一年以降は、「地方主義連盟」は、四つの地方の議員を結集して、公共事業、福祉事業、文化事業を効率的に行なうための組織を作ることに力を傾注するようになる。マドリードの政府との粘り強い交渉の結果、一九一四年四月六日、カタルーニャ政庁にて「カタルーニャ共同体」が結成された。プラット・ダ・ラ・リバがその会長に選出された。「新国家基本法」から二世紀、こうしてカタルーニャは、初めてスペイン政府から共同体としてのアイデンティティーを認められたのである。

労働運動は、政治論議とは切り離されたところで行なわれていた。革命的労働組合主義と前近代的労働条件改善の要求が、一九〇二年のゼネストを発生させた。ストはバルセロナを一週間にわたって麻痺させたものの、結局は失敗に終わった。その失望感がデマゴーグ、レルーに有利に働いた。他方、労働者たちは新たな組織を結成しようとしていた。それが一九〇六年にできた「労働者の連帯」である。一九〇九年七月二十六日、モロッコ戦役のために予備役の招集が行なわれると、これに反対してゼネストが打たれ、一週間にわたって暴力の応酬が続いた〔悲劇の一週間〕。暴動は軍隊によって鎮圧され、その後、アナーキストや、労働者全体に対し無差別的な弾圧が加えられた。その結果、「カタルーニャの連帯」は分裂し、「労働者の連帯」は「労働全国連合」（CNT）に改組された。

一九一四年から一九一七年にかけての期間〔第一次世界大戦期〕は、カタルーニャの歴史にとっては束の間の平穏な時期だった。スペイン政府は中立を宣言していたので、この長期にわたる戦争は繊維産業にとって絶好の商機となり、交戦国の需要に応えるために目覚しい発展を遂げた。この頃「地方主義連盟」は、「カタルーニャ共同体」の制約の範囲内ではあったが、かなりの改革を行なった。具体的には、〔公共サービスの改善、職業教育の普及などが挙げられる。また、カタルーニャ文化の振興（カタルーニャ学術院が創設されたのもこのときである）に力が入れられ、表象芸術への関心も高まった。一九一六年の選挙に勝利をおさめたのち、「連盟」は中央政府に代表を送り込むことに成功する。こうしてマウラ内閣において、開発相に就任したフランセスク・カンボーであったが、権力の座について得たものは幻滅だけであった（一九二一年）。スペインという国家を改革することが不可能だと悟った「連盟」は徐々に民族自決へと関心の中心を移していく。一九一八年、「連盟」は「カタルーニャ人によるカタルーニャ」自治を目指す一大キャンペーンを展開する。しかし、時を同じくしてバルセロナで勃発した社会紛争が、「連盟」がすべてのカタルーニャ主義運動を統合しきれていないことを如実に表わしていた。左派は左派で、いくつかの党に分裂しており、カタルーニャ共和党（一九一七年）などは選挙戦で勝利をおさめることができず、代替案を示すことさえできなかった。また、このような議論の埒外で、急進的ナショナリストは「スペインから独立したカタルーニャ」を目指していた。たとえば、退役大佐であったフランセスク・マシアーは、その政治的主張そのものを名称とする「カタルーニャ国家」党を結成した。

一九二三年九月十三日に勃発した、カタルーニャ方面軍司令官プリモ・デ・リベラ将軍によるクーデターは、政治的カタルーニャ主義の歯止めとなった。一九二三年、選挙による議会は解散させられ、自治体は軍の支配下に置かれた。カタルーニャ語を公の場で使うこと、カタルーニャ国旗の掲揚が禁じられた。王党派の人物がカタルーニャ共同体の会長となったが、すぐに辞任させられた（一九二五年）。プリモ・デ・リベラの独裁政権は、公共事業を梃子《てこ》にして政府の権威を高めようとした。たとえば、バルセロナの地下鉄の建設や一九二九年の国際博覧会がその例である。一方、沈黙を強いられたカタルーニャ主義の内部では再編成が進んでいた。「連盟」は指導力を失い、急進派が運動をリードするようになった。一九二六年、フランセスク・マシアーがフランス側のプラッツ・ダ・モリュで挙兵してカタルーニャに進入し、蜂起をよびかけるが、すぐに鎮圧されてしまった。マシアーはフランスで投獄されるが、カタルーニャ人のあいだでは大いなる人気を得た。

一九三〇年のプリモ・デ・リベラの辞職は王党派によって歓声をもって迎えられた。社会主義者ばかりか、多くの王党派までもが共和制を望んでいた。カタルーニャの政治情勢は単純化へ向かっていたのである。一九三一年、「カタルーニャ左派共和党」が創設され、「カタルーニャ国家」党を吸収する。さらにさまざまな左派、連邦主義勢力を統合する。この新しい政治組織は、都市の庶民や農民の意見を代表するものであった。その政治的主張は、カタルーニャ主義、共和主義、民主主義の融合を図ったものとなった。一九三一年四月十二日の地方選挙を目前に控え、共和派諸勢力とスペインの社会主義勢力は、サン・セバスティアンで協定を結ぶ。彼らが選挙で勝利を収めることによってアルフォンソ十三世は退位を余儀なくされる。そして同年四月十四日、共和国が宣言された。

Ⅳ　自治の勝利と死（一九三一～七五年）

カタルーニャの選挙では「カタルーニャ左派共和党」が圧倒的な勝利を収めた。四月十四日、フランセスク・マシアーは「イベリア連邦内のカタルーニャ共和国」の成立を宣言した。ところがマドリードがこれに危機感を抱き、介入してきた。四月十七日、結局、カタルーニャ州政府「ジャナラリタット・ダ・カタルーニャ」を復興することと引き替えに、「カタルーニャ共和国宣言」は取り下げられることとなった。ジャナラリタットは、住民投票を行なったうえ、自治憲法を有することができることとなった。

しかし、自治憲法の草案作りは簡単ではなかった。カタルーニャの各地方から代表が集まり、「ヌリア憲法」と呼ばれる草案が作られた。この草案は広くカタルーニャの人びとの支持を得た（一九三一年七月十九日）。草案は続いてスペイン政府に提出された。政府は一九三二年五月にそれを憲法制定議会に諮った。草案は、かなりの修正を受けた末、一九三二年九月九日、議会で採択された。九月十五日、カタルーニャの国民投票にかけられ、すぐさま発布された。主権や連盟主義に言及した部分は削除されたが、憲法は、カタルーニャという存在が制度上復活したことを保証するものとなった。

こうしてカタルーニャはみずからの歴史を取り戻した。一九三二年十一月二十日の議会選挙では、「カタルーニャ左派共和党」が絶対過半数の六一議席を獲得した。「カタルーニャ連盟」は一四議席にとどまった。十二月十四日、マシアーがジャナラリタット大統領に選出された。

スペインの第二共和制においては、「左派共和党」が終始指導的な役割を果たした。「連盟」は弱体化し、完全な保守政党と化していた。

カタルーニャ政府は、文化の分野で重要な政策を実行したり、協同組合運動や相互扶助組織を支援したりしたが、一方、根強い社会紛争に悩まされてもいた。一九三一年の八月以降、「ラバサイラ農民」（ラバサ・モルタという契約に拘束されているブドウ栽培小作農民）が、小作条件の改善を要求して起こす騒乱が相次いだ。一九三二年は、政府は小作契約規制法を議会で可決したが、地主層の利益を代表する「連盟」はマドリードの議会に訴えて、これを阻もうとした。

また、経済危機は労働運動を先鋭化させた。CNT（労働全国連合）は穏健派と決別し、政治不介入、武装蜂起を唱えるＦＡＩ（イベリア・アナーキスト連合）が別途結成される。一九三四年、彼らは、労働者連合が民主主義を脅かす勢力に対抗する目的で計画されたゼネストに加わることを拒否する。ゼネストはバルセロナで、一九三四年十月五日に実施された。その翌日、新しくジャナラリタットの大統領となったリュイス・クンパニィスは「スペイン連邦共和国のなかのカタルーニャ国家」の成立を宣言する。このような分離主義の動きに対し、軍隊が出動した。ジャナラリタットの指導者たちは投獄され、地方憲法は停止、カタルーニャはスペイン政府の統治下に置かれた。クンパニィスとその閣僚たちは、三〇年の禁固刑に処せられた。

スペイン大統領は議会を解散し、一九三六年の総選挙となるのだが、カタルーニャの政局は二極化を見せていた。つまり、「連盟」と「左派共和党」を中心に、二つの連合が生まれていたのである――社会秩序の維持を図る「カタルーニャ戦線」と、人民戦線のカタルーニャ版「左派戦線」である。選挙では左派戦線が大飛躍を遂げた（左派共和党二八議席、社会党八議席）。リュイス・クンパニィスとその閣僚たちは釈放され、ふたたび行政の任に戻った（一九三六年二月）。こうしてジャナラリタットの権限も回復された。しかし、スペインに平穏は戻らなかった。右派は分離独立の危機を訴えた（右派の政治家カルボ・ソテロは「ばらばらになるくらいなら、たとえ赤が支配していても統一されたスペインのほうがましだ」と述べている）。土地の占拠、政治的暗殺、ストライキ、焼き討ちが頻発した。このような混乱を前に、保守勢力は軍の力に頼るしかなかった。七月十七日、フランコ将軍の呼びかけに応えてモロッコ駐屯軍が蜂起する。翌十八日には、イベリア半島でもクーデターが起こった。七月十九日、バルセロナの軍が駐屯地を出て市の中心部を制圧しようとした。しかし、共和国を支持する守備隊の一派に支えられた民衆がただちに反撃した。一日戦闘が続き、反乱の首謀者たちは逮捕された。こうしてカタルーニャのクーデターは失敗に終わった。しかし、ガリシアや旧カスティーリャでは成功を収め、長い内戦が始まったのである。フランコ将軍自身が、「カタルーニャの将来が、まさにわれわれの蜂起の原因の一つであった」と認めている（一九三七年四月）。

クーデターの失敗は一種の革命をもたらした。七月十九日、反乱軍に対するレジスタンス組織は、労働者、とくにFAIのアナーキストが後押しするCNTが掌握した。反ファシズムの民兵委員会が十月一日まで実権を握り、政党や労働組合から志願者を募って民兵軍を組織した。この「民兵部隊」はアラゴン戦線に投入されて、著しい戦果を挙げた。しかし、政争のために、委員会の活動は間もなく麻痺してしまった。混乱はカタルーニャ内部にも存在した。経営者が工場を放棄したことと、アナーキズム思想と共産主義思想が普及したことによって、多くの企業で、自発的な集産化が進んだのである。また、教会に対する憎悪にも火がついた。夏のあいだに二四三七人の司祭ら宗教関係者が殺害された。バルセロナとリェイダの司教もこのなかに含まれている。教会は焼かれ、墓地は暴かれた。聖職者は身を隠し、礼拝は消滅した。

九月末、ジャナラリタットに新しい政権が誕生する（ジュゼップ・タラデリャス政権）。反ファシスト勢力すべてが顔をそろえていた。ジャナラリタットは民兵委員会を解散し、命令系統が統一された正式の軍隊を作ろうと試みた。また、経済活動と企業の接収を正常化しようとした。一九三六年十月の集産化にかかわる法令は、企業の自主管理の実現を内容としていた。さらに司法制度を整備し、人民裁判所を設立し、地方行政組織の再編も行なった。しかし、ジャナラリタットは、党派によって色分けされた各種委員会をコントロールすることができず、市内の各地区にできたいわゆる「町内委員会」もあらゆる規制の枠外にあった。

紛争は継続し、諸勢力——とくに結成まもない少数派のPSUC（カタルーニャ統一社会党）、CNT（労働全国連合）のアナーキストたち、そしてPOUM（マルクス主義統一労働党）のトロツキストたち——間の権力争いも激化した。一九三七年五月、危機的状況は頂点を迎える。一週間にわたってバルセロナではは共産党員とその対立する勢力が衝突したのである。バレンシアに移っていた中央政府は、秩序回復のためにに介入せざるをえなかった。しかし、解決にはさらに時間を要した。結局、PSUCが主導権を握り、POUMが排除され、アンドレウ・ニンほか、その指導者たちが殺害された。

反乱軍は迫っていたが、衰弱したカタルーニャには対抗する力は残っていなかった。また、一九三七年十月にバルセロナに移った中央政府は、ジャナラリタットの権限を削減した。

一九三八年三月、フランコ軍がカタルーニャに侵入、リェイダを占領した。エブラ川の戦闘（一九三八年七月）ののち、共和国軍は後退を余儀なくされる。一九三九年一月二十六日、バルセロナが陥落。フランコ軍は二月十日にフランス国境まで達した。二〇万人のカタルーニャ人が亡命の道を選んだ。二月九日、大統領クンパニィスとその閣僚たちが国をあとにした。

「こんどは一七一四年（スペイン継承戦争）のときよりひどいことになるだろう」とフランセスク・カン

ボーは嘆いた。カタルーニャはまたしても、制度上、自治を完全に否定され、軍事的な占領下に置かれることになった。恐ろしい弾圧の嵐が国中を吹き荒れた。軍事法廷は一九四二年まで存続した。新しい支配者たちは「徹底的な粛清」を奨励した。一九三九年五月の第一週だけで二六六人が死刑判決を受け、五九人が三〇年の禁固刑、二〇人が一五年の禁固刑を言い渡された。三〇一人が処刑された。シアノ伯爵によれば、一九三九年の七月中に、バルセロナで、毎日二五〇人が銃殺されたという。数多くの政治家や労働組合の指導者たちが処刑され、そのなかに、元カタルーニャ大統領クンパニィスも含まれていた。

政党も労働組合も解散させられた。政治活動、労働組合活動は、唯一の合法政党「ファランヘ党」の枠内でのみ許された。文化的、社会的機関はすべて廃止。民族舞踊サルダナは禁止され、公の場でカタルーニャ語を使用することもできなくなった。「帝国の言語、スペイン語を話せ！」という標語のもと、通りや広場の名も変えられた。町や村の名はカスティーリャ語〔スペイン語〕読みになった。住民の生活はつねに監視され、検閲によって新聞は姿を消した。新体制は、フランコ総統〔「カウディーリョ」〕崇拝、スペイン国家の統一、「組織された民主主義」の到来、を内容とする唯一無二のイデオロギーを浸透させるために世論を操作した。

いかなる反対も反論も許されなかった。フランコが敷いた自給自足体制のおかげで、経済は停滞し、消費は落ち込んだ。カタルーニャは昏睡状態に入った。

一九四五年の連合軍の勝利は、スペイン国内の反体制分子や亡命者たちに大きな希望を抱かせた。ジャナラリタット亡命政府は新しい指導者を選出し、かなりの数のレジスタンス戦士がフランス国境に集まった。しかしフランコは巧みに独裁制を維持し、冷戦のおかげでスペインは国際的協調関係に復帰することができた（一九五三年の米西合意）。

国際的孤立脱出の動きは、カタルーニャでは、社会運動の回復によって始まった。すなわち、一九五一年三月一日の、バルセロナ市電運賃値上げに反対するボイコット運動に続いて、ゼネストが試みられたのである。一九五六年にも何回かストが打たれた。文化の分野でも抵抗運動が起こり、政府はカタルーニャ語による出版を一部解禁せざるをえなかった。しかし体制の「軟化」は、経済的改革に限られ、政治に及ぶことはなかった。一九五一年七月、総統の指名によって成立した政府は、自給自足経済政策を放棄し、自由化へ向けて遠慮がちな一歩を踏みだした。これは海外の市場へ進出する道を閉ざされ、活動の沈滞を余儀なくされていたカタルーニャの企業家たちが強く望んでいたことだった。一九五四年、国民一人当たりの生産高と収入の平均は一九三六年の水準にまで回復した。一九五五年、SEAT（国策自動車会社）の工場がバルセロナに建設された。一九五九年に策定された経済安定計画によってスペインは海外からの観光に門戸を開き、ヨーロッパ市場の仲間入りをした。そのほかさまざまな開発計画に支えられ、スペインは一九六〇年、目覚しい経済成長を始める。

この一九六〇年代の急成長は、政治や社会にも影響を及ぼさずにはいなかった。スペインを、ある意味で、懐古的な存在として見ていた人びとは混乱し、いつの日か、昔のままのスペインに帰ることを長年夢見ていた亡命者たちを戸惑わせることになった。当初、このような変化が、最も急速に、そして一番はっきりと現われたのはカタルーニャであった。

経済発展は、バルセロナの周辺に巨大な工業地域を生みだした。広大な土地に無秩序に建てられたレンガ造りのアパート群。ここに「非カタルーニャ系カタルーニャ人」(国内移民の生活を描いてベストセラーになったフランセスク・カンデイの本のタイトル)、すなわち国内各地から流入してきた移民が住み着いた。バルセロナの近郊には徐々に、スペイン語話者だけが住む衛星都市が形成されていった。海岸地域では土地の投機が行なわれ、何列にも連なるホテルや別荘が景観を台なしにした。信用を失った御用組合は、社会的な不満を抑えることができなくなり、ストが頻発した(一九六二年)。一九六四年、五九の企業の八〇〇〇人の代表が集まり、内戦後初の非合法労働者委員会をいくつか結成した。共産党員が指導するこれらの委員会はやがて、工業に従事する給与生活者の有力な交渉手段となった。しかし、労働運動はあくまでカタルーニャ主義の闘争とは無縁であった。

「出版法」のような自由化政策がとられることは稀であったが、それでも徐々に政治活動らしきものが再び現われはじめていた。カタルーニャの教会とカトリック信者たちの意見は、体制にはっきりと批判的であった。カトリック教徒の若者たちやその家族から構成される諸団体は、政治運動と民族主義運動を結びつけて考えていた。教区の司祭たちは、だんだんとカタルーニャ語で説教をするようになり、それが間接的な政府批判となっていた。聖地ムンセラットの修道院では一九五九年以来、完全にカタルーニャ語で書かれた文化・政治総合雑誌『セラ・ドル』(黄金の山脈)が発行され、カタルーニャのアイデンティティーの恒久的拠点となっていた。一九六三年四月十四日、『ル・モンド』紙に、修道院長アウレリ・アスカレーの、明確に政府を批判するインタビューが掲載された。いわく「この二五年間、われわれは平和のうちに惰眠を貪っていたわけではない。勝利のための日々だったのだ……」とある。一九六六年、学生運動をきっかけに「自由学生連合」がバルセロナで誕生した。いくつもの組織に分裂し、はっきりと目には見える形ではなかったにせよ、反政府運動は確実に社会全体に広まっていたのである。民主主義の要求が高まり、民族アイデンティティー確立のための闘いが激化した一九六〇年から七〇年にかけてのカタルーニャは、間違いなく最も重要な反体制運動の中心地となったのである。いくつかの抗議行動は大きな反響を呼んだ（たとえば一九五九年末から六〇年初頭にかけての『バングァルディア』紙不買運動や、一九六一年の、文豪ジュアン・マラガイ生誕百年記念デモなど）。

カタルーニャ文化の復活ぶりにも目を見張るものがあった。「カタルーニャ学術院」は活動を再開した。「オムニウム・クルトゥラル」（文化協会）は芸術作品発表の機会を増やし、カタルーニャ語で出版を行なう「六十二年出版社」に助成を行なった。一九六九年には、『カタルーニャ大百科辞典』の出版を目的とする出版社が設立された。カタルーニャ語でフォークソング歌う運動、「ノバ・カンソー」（新しい歌）のコンサートは多くの観衆を集めた。

フランコ体制の終わりの数年間、社会は苛立っていた。それは対面を守ろうとする政府、ときとして血なまぐさい衝動に身をまかせる政府（たとえば一九七四年のサルバドー・プッチ・アンティックの処刑）に対する苛立ちであった。しかし、体制の終焉は確実に近づいていた。一九七一年十一月七日、バルセロナの聖アウグスティヌス教会で、すべての反政府的政治団体、社会団体、および市民社会を代表する数多くの職能組合の代表から成る「カタルーニャ会議」が結成された。「会議」は、恩赦の実施、民主主義への復帰、自治憲章の回復、といった要求案を採択した。一九七五年十一月二十日にフランコが死去すると、この要求が公表された。将来がどうなるのかは定かではなかった。しかし、誰もが一時代が終わったということを理解していた。

第五章　カタルーニャ文学――世界的遺産への道

Ⅰ　起源

カタルーニャ語文学は、十三世紀に、マリョルカ島出身のラモン・リュイの作品とともに誕生した。それは内容の豊かさばかりでなく、用いられた言語の創造性の高さによっても注目すべきものとして、従来から普遍的な価値が認められてきた。

もちろん、カタルーニャでは、リュイの作品以前にも文学と呼べるものはあった。実際、十二世紀にはすでにカタルーニャ人は詩作を行なっていた。彼ら「吟遊詩人」たちを、十五世紀や二十世紀の偉大な作家たちと同列に論じることはできないが、その作品は、カタルーニャ文学史を研究するうえでは重要である。彼らは、カタルーニャ語ではなくオック語〔南仏オクシタニアの言語〕で詩を書いていた。当時、オック語の地位は高く、詩の言語といえばオック語だったのである。宮廷人の恋愛が、実にさまざまな形式〔アルバ、パストレリャ……〕で描かれた。それは厳密な規則に従った、洗練された遊びだった。吟遊詩人たちは、政治的なテーマでも詩を作った。身分の高い人を標的にして辛辣なことばを浴びせたのである。

ギリエム・ダ・バルガダー（一一三八〜九二年または九六年）——大変好戦的なカタルーニャ人の貴族で、ウルジェイ司教ポンス・ダ・マタプラナやペラ・ダ・ベルガといった敵を、才気にあふれる風刺詩で叩きのめした。ビックの鐘楼、ウルジェイ、タラゴナ——彼はその詩のなかで、始終、楽しげにカタルーニャの地名を挙げている。

ラモン・ビダル・ダ・バサルー（一一六〇〜一二二〇年）——滑稽詩『カスティアー・ジロス』の作者として知られている。また、彼は『詩の理』という詩論も著わし、厳格な詩作法を説いた。

サルバリー・ダ・ジロナ（本名ギリェム・ダ・ジロナ）——おかし味と優雅さを兼ね備えた巧みな書き手であった。カタルーニャ出身の吟遊詩人のなかでも最もバラエティに富んだ作品を残している。サルバリーは躍動的リズム感の持ち主で、技巧を駆使してイメージを描いた。カルドナの宮廷に属し、当時の政争を、ときに辛辣さを交えて歌ったが、結局はキリスト教的道徳からは抜けきれていない。

三世紀のあいだ、詩のモチーフと形式には大きな変化はなかった。したがって、十四世紀末には陳腐化し人気が衰えてしまったことも驚くには当たらない。文学にも革新が必要だったのである。その変化は十五世紀になって、バレンシアで起こった。

ラモン・リュイ（一二三二年または三三年〜一三一五年または一六年）——マリョルカ島に生まれた。バルセロナの貴族の子で、三十歳までは洗練された宮廷人として、快楽を追求する生活を送っていた。その後、磔刑のキリストの幻影が数回にわたり彼の目前に現われた。それを機に、彼は妻と子供たちを捨てて、内面の豊かさを求めて瞑想生活に入ることを決心した。まずラテン語とアラビア語を学び、神学と哲学の知識を深めた。こうして彼は文筆と異教徒への布教活動に身を捧げたのである。(その作品数は三二七にのぼる)。彼は疲れを知らぬ旅行家で、モンペリエ、パリなどの有名大学に滞在した。リュイは地中海岸を巡り、キリスト教の真の教えを伝えるためにブジアやチュニスなど異教の地にも赴いた。

このようなコスモポリタンな存在が出現したのも、当時の南欧、およびカタルーニャでは知識人や商人が盛んに交流をしていたからである。その作品を見れば、リュイが人類のあらゆる知識を習得したいと切望していたことがわかる。十三世紀のほかの知識人(たとえばオッカムのウィリアム)のごとく、リュイは言語の性質やことばの機能について自問を繰り返した。しかし、文学的な創作をすることがリュイの第一の目的ではなかった。リュイは言語の力を信じ、書きつづけた。こうして彼の創作と論文は、カタルーニャ語が初めて書きことばとして使われる実践の場となりえたのである。

揺ぎない信仰に支えられ、彼は作品のなかで、存在の意義を追求した。それは単に観念的なものではなく、行動と実践に裏づけられたダイナミックな追及であった。

韻文の作品は、ほかの吟遊詩人同様、オック語で書かれている。『悲嘆』(一二九五年)と『ラモンの歌』(一二九九年)では、リュイは一人称で、真の改心に至るまでの激しい内的な経験を語っている。『宗教会議』(一三一一年)は、時事に取材した作品で、バイエンヌ(フランス)の宗教会議を題材にしているようだ。リュイはそのなかで、教会と信者たちに、現世の快楽を捨てて、真の祈りに回帰することを勧めている。

しかし、リュイの創作の中心はなんといっても散文作品である。たとえば、『神を想う書』(一二七二年)、

『騎士の書』（一二七五年）、『少年の教育』（一二七五年）などを挙げることができる。なかでも、『アルス・マグナ』（一三〇五〜八年）は、集めうる限りの哲学、神学、科学の知識を動員してラテン語で書かれたものである。彼が資料としておもに用いたのは、聖アンセルムや、シリアのアルガゼル、そのほか十三世紀アラブの哲学者たちの著作、ユダヤ教の神秘主義の書物などであった。リュイの偉大さは、主人公を持った小説風の作品を創りだしたことにある。『アバスト、アロマ、ブランケルナの書』（一二八三〜九五年）では、旅人がさまざまな苦難を経た末、隠遁者となる。『フェリックスまたは奇跡の書』（一二八八年？）の主人公もまたしかりである。リュイは出会いを語り、主人公の特徴を描く。木々、草花、動物、など、景色をきわめて精緻に描写する。洗練された筆致で内省の過程を一歩一歩記していく。それでいて言説の組み立て全体にも気配りを忘れない。彼の説はつねにきちんとカテゴリーに分けられていて、それぞれのカテゴリーには下位区分が設けられている。リュイの文章は息が長く、ダイナミックである。そこには論理の展開がはっきりと読み取れる。リュイの語彙は驚くほど豊かである（七〇〇〇語、七二パーセントの派生語を含む）。平易な語を使って巧みな言い回しをすることを好み、示小辞、示大辞（語に細かいニュアンスを付加する接尾語）によって物語に特別な味わいを与える（一八種の示小辞、示大辞を用いている）。二十世紀のフランスの読者でも、『ブランケルナ』に含まれている『愛する者と愛される者の書』には魅了されるであろう。愛する者と愛される者とは、人間と神のことで、三六五の瞑想、あるいは祈りの瞬間が描かれている。神は被創造物を激しく問いつめ、人間は神に対し、その愛を改めて告白するのである。装飾的な文体を用い信仰の深さを最大限に表現している。

『奇跡の書』の一部を成す『動物の書』では、リュイにインスピレーションを与えたオリエントの説話が縦横に語られるだけではない。獅子王を取り囲む動物たちが繰り広げるユーモラスな物語は、宮廷の政争や、ときの権力者の死闘を明らかに示唆している。

ニコラス・デ・クーサ〔(一四〇一～六四年)ドイツ生まれの天文学者〕やピック・デ・ラ・ミランドーレ〔(一四六三～九四年)イタリア生まれの哲学者〕はリュイに傾倒していた。デカルトはあまり評価していなかったようだが、ライプニッツはその「アルス・マグナ」の組み合わせ理論に数学的論理学の出発点を見出した。ことばの魔力にとりつかれたこの天才的な百科全書的人物は、人間の精神のいかなる動きをも包括できる地平を切り開き、それまでほとんど文学的伝統がなかった言語、カタルーニャ語を、あらゆる表現ができる道具にまで引き上げたのである。

アルナウ・ダ・ビラノバ(一二三八～一三一一年)——ラモン・リュイほど著名ではない。しかしながら、しかしその散文の質の高さは注目に値する。バレンシアの、おそらくはユダヤ人の家庭に生まれたアルナウは、アラブの言語と文化に強く惹かれていた。また、ラテン語もヘブライ語も完全にマスターしていた。彼は医者としても一流で、ペラ大王、教皇ボニファティウス八世、ベネディクトゥス十一世、クレメンス五世に仕えた。フィオーレのヨアキムの影響を受けた幻視者であったアルナウは、アンチ・キリストや世界の終末の幻につきまとわれていた。当初は聖職者の不正や誤りを著書や説教のなかで激しく攻撃したが、教会側の執拗な要望に応える形で、徐々に批判を和らげるようになった。のちには、異教徒に対する十字軍を推奨する程度の主張しかしなくなった。おもな著作としては『バルセロナの告白』、

『ナルボンヌの教訓』、『アビニョンの理論』が挙げられる。約七〇にのぼるアルナウ・ダ・ビラノバの作品は、彼の驚くべき科学的総合力の証左となっている。

四大年代記——十二世紀以来、庶民のあいだでは、「ジュグラー」と呼ばれる吟遊詩人によって武勲詩が口承によって歌い継がれてきていた。彼らは主君とその将軍たちの業績を確実に広める役割を果たしていたのである。十四世紀になると、それを書き記す必要性が出てきた。王たちが、すでにカタルーニャ人のあいだで高まっていた民族意識をより確かなものとすることを望んだからである。こうして、四つの年代記が、それまでとはまったくことなる文体で、明らかな政治的意図をもって、一世紀にわたるカタルーニャ内外の歴史を記録するために書かれたのである。

一つ目の年代記はジャウマ一世の『事実の書』である。一三一三年から二七年にかけて書かれたこの年代記は、王自身が書いたのではなく、王が口述するか、あるいは原案を示して書かせたものである。そこには、ジャウマ一世の英雄的武勲と巧みな戦略が活きいきと描かれている。数多くの戦闘シーンは具体性に富み、描写は非常にリアルである。

バルナット・ダスクロットの年代記（一二八三〜八八年）は、その大部分がペラ大王の治世に関するものである。主として、王のユーモアあふれる性格や、政治的手腕が見事な筆致で讃えられている。

ラモン・ムンタネーの年代記は一三二五年五月にその記述が始まっており、著者が、高官としてアラゴン王朝の王たちの身近に仕えることによって熟知するに至った五つの王国が題材とされている。ムンタネーは王たちを賛美してやまないが、とくに、その描写力はすばらしく、アルムガバルスの遠征、ルジェー・ダ・フローの活躍、戦闘、殺戮、暗殺といったエピソードが次から次へと活きいきとリズムよく語られていく。

ペラ儀典王の年代記は一三七五年から八三年にかけての時期を扱っている。編纂意図はムンタネーの年代記のそれとは大きく異なる。王は、みずからの政策を説明し、正当化することを目的としていたからである。その記述は公的な文書をもとにしているが、ほかの年代記同様、著名な登場人物間の味わい深い会話に彩られている。

宗教的散文と人文主義の誕生――カタルーニャの十四世紀は散文が優勢な時代であった。カタルーニャが商業的に大発展を遂げた十二、三世紀にくらべ、十四世紀は、経済的にも社会的にも危機的な状況を向かえた時期だった。飢餓、ペストの流行、バルセロナの銀行の破綻、ユダヤ人大虐殺(一三九一年)などが十四世紀の後半に暗い影を落としている。時代の閉塞感が民衆を暴力へと駆り立てた。キリスト教の教えがこれを受け止める役目を果たし、説教師や散文作家が活躍した。物語や挿話を通じ、いかに一人一人の個人、そして民衆全体に強烈な印象を与え、継続性のある教えを残すか、それが彼らの腕のみせどころだった。この頃の注目すべき書き手としてはフランセスク・アシメニスとビセン・ファァレーがいる。

アシメニスの意欲的な作品――アシメニスは一三二七年、ジロナに生まれ、一四〇九年、パルピニャーで没した。一三八三年には、バレンシアに長期滞在し、政治的要職に就いた。彼は、周到な準備ののちに、少しずつ思想を体系づけていき、それを精緻な文体で表現した。アシメニスは、人類の英知を総合することを目指していた。ただし、その基盤はキリスト教の信仰だけに置かれていた。彼の『キリスト教全書』は一三巻になる予定であったが、現在残されているのは四巻にすぎない。広範なテーマで書かれたこの作品には、人生のすべての局面に関心を抱いていた作者の知性と好奇心がよく現われている。そこでは、非常に抽象的な神学的問題から（『天使の書』、一三九二年）思いがけないほど物質的なことがらまでが扱われている。アシメニスは理想の都市の地図を引き、戦略や、服装や、料理を語る。『女性の書』（一三九六年）は、女性の欠点を皮肉ったもので、同時代のほかの作品とくらべてとくに新しさは感じられない。『キリスト教全書』の著者には、幻視者的なところは少しもない。その言説に接して、天才ラモン・リュイや謎めいた雰囲気のアルナウ・ダ・ビラノバのそれと混同する恐れはまずないと言ってよい。

ビセン・ファレー（一三五〇〜一四一九年）――フランスでは聖ビセン・フェリエーの名で知られているこの人物をどう評価するかについては異論が多い。しばしば狂信的な行動をとり、また、祈禱による治療を行なったので、ファレーは神秘的な人物として十四世紀末のヨーロッパ全土で著名であった。しかし彼が残した創造性に富んだ偉大な作品についてはそれほど知られていない。ファレーは遍歴の説教師で、説教のうち三〇〇編が同行者によって記録されている。ファレーは明解で、ドラマッチックな調子で、真の信仰とは何かを語った。とくにその熱の籠った祈禱は、多くの人が口ずさむ詩となった。人びとに神の掟を守らせるために、恐ろしい地獄の責め苦を語るときには荒々しく、また、迷える羊たちに慈悲を、と神に願うときには優しく、リズミカルに――というように、そのスタイルには、彼の主観がよく現われていた。ファレーの説教を見れば、当時、すでにカタルーニャ語の表現力が飛躍的に向上していたことがわかる。

十四世紀の末（一三八〇年）から十五世紀のはじめにかけて、文人たちは再び堅苦しい、一言でいえば文語的な文体を用いるようになっていた。ヨーロッパ全土を揺るがせた宗教の危機（「西方教会の大分裂」）と学問の危機に直面し、書物へと回帰していった少数のカタルーニャの文人たちがいた。そのほかの国々のルネサンスに先駆けて起こったこの「ラナシャメン」は、生まれつつある人文主義の祭壇、政治思想や法律を正確に表現できる言語を磨く殿堂となった。文語の革新のためには、はるか昔の権威ある先例に倣うことが必要であった。その核となったのはラテン語だった。ほとんどの知識人がその翻訳に熱中した。なかでも重要なのは、セネカの『神意について』を訳したアントニ・カナルス（一三五二〜一四一九年）、『義務について』の翻訳によってキケロを初めて紹介したニコラウ・ダ・キリス（一四〇五〜四四年）などである。カタルーニャではイタリア文学が大変な権威を持っていた。ダンテの『神曲』は揺ぎない地位を獲得していたが、ペトラルカのソネットやボッカチオのフィアメッタも人気があった。

しかし、アシメニスやファレーに比肩できる文人となると、バルナット・メッジャ（一三四〇年または四六〜一四一三年）をおいてあるまい。彼は根っからの人文主義者で、独自の文体を確立した。『幸運と節度の書』は底流に寓意のある物語詩である。『夢』（一三九九年）は、一三九六年の王崩御〔ジュアン一世〕に際し、自分にかけられた嫌疑を晴らすために書かれた散文である。夢という形式を使って作者は、あの世の王を登場させることができた。このなかで、メッジャが真実を明らかにし、みずからの潔白を証明しようとしていることは一見してわかるのだが、レトリックと微妙なアイロニーを弄しているために、かえってある種の疑惑が生じ、とくに霊魂の不滅性をもてあそんだということで、同時代の人びとの非難を浴びることとなった。

Ⅱ　カタルーニャ文学の黄金時代——十五世紀

十五世紀のバレンシア、この町で詩人アウジアス・マルクと、イベリア半島初の小説をものしたジュアノット・マルトゥレイ——この二人の偉大なる文人が作品を著わした。

アウジアス・マルク以前のカタルーニャの詩人たちは、トゥルーズの詩会議（一三二三年）で定められたところに従い、プロバンス語で詩を書いていた。十五世紀のカタルーニャの詩人は「新しい韻文」と呼ばれる、長大な物語詩を好んだ。たとえばブルターニュの騎士道物語に強い影響を受けた、八音節の平韻で書かれた『ブランディン・ダ・クルヌアリャ』がある。ギィリェム・ダ・トゥルエリャ（一三四八年～？）の『寓話』は、一二六九行からなる詩（レー）で、寓話や奇跡譚をベースに、冒険物語が展開されている。また、このような真面目な物語詩以外にも、笑い話（ファブリオ）から直接題材を取った滑稽詩も現われた。『ブック氏とその馬の争い』、『マタローの騎士の嘆き』、『ビックのバルナット・サラデイの遺言』、『バルトゥラン・トゥデラ氏との金の王冠にかかわる訴訟』、『バルナット師の本』（ある教会参事会員の赤裸々な恋愛物語）などである。

十四世紀末の詩では、一ないし二つの反歌〔バラードの最終節〕を持つ、八行または一〇行の短い抒情詩が優勢であった。また、ジャウマ・マルクの『一致法の書』やルイス・アバルソー（一四一二年または一五年〜?）の著作など、詩作法に関する論文が数多く書かれた。プロバンス起源の詩の競技会「ガヤ・シエンシア」が一三九三年にバルセロナで始まっていることを見ても、カタルーニャの詩人たちがいかにプロバンスの詩の規範に忠実であったかがわかる。

当時の特筆すべき詩人として、哀愁に満ちた調子で愛を歌ったジラベール・ダ・プロイクシタ、ジュアン・バランゲー、ギリェム・ダ・マスドゥベリャス、一四二九年、ヨーロッパで初めてダンテを翻訳したアンドレウ・ファブレー（一三九八〜一四四四年）（彼は、愛を捧ぐべき女性がいないことを優雅に嘆いた）、アルフォンス寛大王の執事であったバレンシア出身の宮廷人ジョルディ・ダ・サン・ジョルディらを挙げることができる。彼はその作品のなかで、暗い情熱を歌い、後悔の念に身を委ねる。ジョルディ・ダ・サン・ジョルディの文体は、アウジアス・マルクの文体とならんで十五世紀の詩人のなかで最も優美なものである。その完璧さは、詩のなかで語が音楽的に構成されていることによって生みだされたものである。

アウジアス・マルク（一三九七〜一四五九年）はバレンシアに生まれ、バレンシアで死んだ。彼は詩人の一族の出身であった。叔父のジャウマ・マルク、アルナウ・マルクも、父ペラ・マルクも詩人だったのである。彼は「騎士」としての教育を受け、アルフォンス寛大王の地中海遠征にも参加して手柄を立てた。王の主鷹官に出世するが、突然職を辞してしまう。おそらく、ある娘の母親が彼を訴え、その訴訟が素早くもみ消されたことに起因するのであろう。アウジアスは故郷ガンディアの領地の戻り、一四五〇年にバレンシアに再度出るまでそこで暮らした。大変裕福で、二度結婚したがいずれの場合も妻に先立たれた。モーロ人奴隷に何人か私生児を生ませている。みずからの特権を維持することに熱心で、彼の広大な領地を巡ってしばしばガンディア市当局ともめごとがあった。一四二〇年以降は執筆に専念し、一万二六三編の詩を残した。彼の作品はやがてひろく知られるようになり、サンティジャーナ侯爵ら高名な詩人たちから高い評価を受ける。アウジアスの詩は、例外的にプロバンス語やラテン語の単語や言い回しが使われることはあるものの、ほとんどすべてカタルーニャ語で書かれている。彼が残した驚くべき数の、真に創造的な作品群は、十六世紀のカスティーリャの詩人や、その後のカタルーニャの詩人たちのインスピレーションの源となったのである。

アウジアス・マルクの作品は十六世紀の編者によって四つに分類されている。まず『愛の歌』には、末尾に吟遊詩人風のリフレインがある八行詩と十行詩が収められている。「私」はそのなかで、破れた恋、失った恋、あるいは裏切られた恋を歌う。相手の女性への呼びかけにはいくつかの形式が用いられている。たとえば、「アザミのなかの一輪のユリ」、「聡明なるお方」、「愛に狂ったお方」、「わが愛、わが愛」、「聡明な美女」、「わが究極の幸」などである。「私」の熱情はしばしば憎悪と紙一重。肉欲が達成されても心は満たされない。

『死の歌』は他界した恋人に捧げられている。ここに収められた六編は、耐えがたきを耐える苦痛の叫びである。残された者は過ぎ去った愛、恋人との出会いの喜びを回想するが、自分自身がかつて犯したつまらない過ちも同時に蘇る。彼は恋人の断末魔の悪夢に苛まれる。語り手は、恋人が天国にいるのか、地獄にいるのか、あるいは煉獄をさまよっているのかわからないのである。彼は天に向って叫び、たずねる。恋人の魂があの世でどうなってしまったのか、また、いまから恋人のために祈ってもまだ間に合うのか、と。

スペインの神秘主義詩の頂点の一つであるサン・フアン・デ・ラ・クルスの『霊の賛歌』に先立つこと一世紀、アウジアス・マルクは『魂の歌』で、キリスト教徒として強い信仰を持ちつづけることができない自分を激しく嘆く。その文章からは同時に、欲望と苦悩も伝わってくる。たった一人、寄る辺もない「私」は神に話しかける。あるときは、優しく謙虚に、またあるときは、彼の作品全体に共通する、絶望的な怒りを籠めて。

『道徳の歌』に含まれる詩も一〇〇行、二〇〇行と長いものであるが、おそらく詩人の熟年期から晩年にかけての作品であろう。そこにはある種の落ち着きが見られるからである。語り手は、それまでよりも理論的、一般的に、人間のさまざまな面について瞑想する。それでいて、詩のテキストに含まれる苦しみや痛みは直接的に読む者の心に迫ってくるのである。

当時、オック語が詩の言語としていまだ力を失っていなかったにもかかわらず、なぜアウジアスはカタルーニャ語を選んだのだろうか？　三世紀にわたって詩に使われてきたオック語が、カタルーニャではもはや陳腐に感じられていたのではないか。十五世紀初頭の詩は、十三世紀と変わらぬ形、つまり、最後には調和に行き着くという形式で愛を歌っていた。アウジアス・マルクはそれを根本的に変えてしまった。つまり、愛を、人間を取り巻くそのほかの現実と結びつけ、人間の全体像をとらえようとした。

破局と不和を作品の鍵となる要素としたのである。また、語彙も豊かになった。荘厳な文体も用いたが、同程度に日常語も使った。身体の部分や、机、コップ、さいころ、扉といった物体の名も登場するようになった。アウジアスは、ほかの詩人たちの誇張や饒舌を嫌い、孤独の恐ろしい痛みを厳密かつ簡潔に表現しようとしたのである。

マルクの作品ではイメージが大変重要である。「〜のような」という、形式だけは古典的な表現や、隠喩を通じてイメージが描かれる。イメージは、膨らんでいき、しばしば寓話や挿話に結実する。もちろん、その神秘性や悲劇性が失せることはない。海で遭難した船乗り、不治の病、絶望した隠遁者、夜を怖がる幼な子、赦免を待ち望みながら結局は刑場へ送られる死刑囚……この詩人は享楽に無条件に身を任す快楽主義者である。しかし、同時に、抽象的な概念や反語を巧みに操って雄弁に語ることのできる洗練された知識人であった。彼は精神的な思索の喜びをも貪欲に求めたのである。無への恐れと、空虚と静寂への憧れ——彼の「自己」はつねにそのあいだで引き裂かれていた。しかし、感情にまさに押し流されようとする瞬間に、呪詛的、皮肉的で高踏的な、彼独特の文体が戻ってくるのである。ホルヘ・デ・モンテマヨールとケベドのスペイン語訳を通じて、ボスカンやグラシラッソ・デ・ラ・ベガ（十六世紀）、グティエレ・デ・セティナ（十七世紀）がその影響を強く受けている。

十五世紀のバレンシアは、ほかにも素晴らしい作品を残した詩人を生んでいる。ジュアン・ルイス・ダ・クレリャ（一四三三〜九七年）は隠喩に満ちた抒情詩のなかで、ことばの意味と響きを活かして、カタルーニャ語の魅力を、遺憾なく開拓した。

ジャウマ・ロッチ（一四三四年〜七八年）は、風刺詩人で、平韻を使った一万六三五九行のとてつもない詩『鏡』で、女性たちを槍玉に挙げている。この辛辣な観察者の風刺は、いささか度が過ぎると思われるかもしれないが、それは女性だけではなく人間一般の醜さや悪癖に向けられているのである。

十四世紀末の散文学と小説が十五世紀に開花する――十四世紀末のカタルーニャでは、イタリアやオリエントの影響を受けた短編物語が現われた。『ジャコブ・シャラビン物語』（一四〇四年頃）には、冒険譚と恋愛感情の分析が盛り込まれている。一四一七年、アンセルム・トゥルメダは有名な『ロバの論争』を著わし、キリスト教とイスラム教を比較したが、そのもとになっているのは十世紀のアラブの教育物語である。

騎士道小説はこのような状況を背景として生まれた。『アーサー王物語』にはカタルーニャ語訳があり、読者の強い支持を受けていた。カタルーニャの騎士道小説は『アーサー王物語』を模倣するのだが、さまざまな階層の人びとのことば遣いを取り入れたところに新しさがあった。カタルーニャ語でかかれた最初の傑作は『クリアルとグエルファ』である。その成立は一四六二年であると考えられている。この長編小説はクリアルという若者が、ムンファラットの宮廷の貴婦人グエルファの庇護を受けて立派な騎士に成長していく過程を描いたものである。クリアルはいくつもの闘いを大層勇敢に勝ち抜いて名を上げる。小説には、クリアルの女性遍歴も愉快に語られている。聖地エルサレムに滞在したのち、クリアルはバルバリアで捕らわれの身となるが、トルコ軍と戦って名誉の勝利を収める。最後は、グエルファと再会し、その夫となることになる。こうしてクリアルのうえには栄光と名誉の称号が雨のように降り注ぐのである。しかし、この小説も、十五世紀カタルーニャのもう一つの騎士道小説、ジュアノット・マルトゥレイ作『ティラン・ロ・ブラン』と並べるとやや見劣りすると言わざるえない。

ジュアノット・マルトゥレイ作『ティラン・ロ・ブラン』――『ドン・キホーテ』の第一部第五章〔正しくは第六章〕、主人公が自分の蔵書を〔正しくは、和尚と床屋が主人公の蔵書を〕処分しようとする場面で、焼かれることを免れる唯一〔他にも何冊か免れる〕の小説がこの『ティラン』である。セルバンテスはこの小説を「世界一の本」と形容している。著者はジュアノット・マルトゥレイだが、最後の数章はマルティ・ジュアン・ダ・ガルバが書いたもののようだ。マルトゥレイ（一四一三～六八年）は、アウジアス・マルクの義理の兄弟に当たる。つまり、マルク同様、貴族階級に属していたということだ。マルトゥレイも騎士で、その人生は数々の冒険や航海に彩られ、ヨーロッパ各国の宮廷で多くの重要人物にも会っている。『ティラン』がバレンシアで出版されたのは、彼の死後、一四九〇年のことだった。

四八七章からなるこの長大な小説は、主人公ティラン・ロ・ブランの、英国に始まり地中海沿岸諸国を巡る冒険と、その間の人生を描いている。ティランは実在の人物ではないが、その運命には、アテネを征服したカタルーニャの傭兵隊アルムガバルスの隊長ルジェ・ダ・フローのそれと重なる部分が多々ある。そのほかの登場人物については、ある者は歴史上の人物であり、またある者はマルトゥレイの想像力の産物である。その意味では、フィクションとノンフィクションの中間的な作品だとも言える。これらの登場人物たちが織り成す変化に富んだ日々が、熱っぽく、驚くほど活きいきと描写され語られている。

そこでは、主人公の活躍が描かれ、コンスタンチノープル帝の娘カルマジーナとの恋愛と結婚が語られている。そして最後を締めくくるのは、ティランの死と、その最愛の女性の死である。しかし、そこに至るまでに、ティランがイスラム教徒の捕虜となって、そこで美しいが高慢な王女に想いを寄せられたり、また、脇役たちがさまざまな戦闘のエピソードで華を添えたり、激動の生が展開される。戦いと恋は切っても切れないものだが、そこには駆け引きもつねにかかわってくる。秘密が秘密でなくなることもあれば、魂にかかわる取引に応じないわけにはいかなくなったり、微妙に辛抱を要求されることもある。

活劇的な章に、穏やかな会話の章が続く。独白が一つの章を占め、別の人物の、負けず劣らず内容の濃い返答がもう一章を占める場合もある。現代の読者には、哲学や恋愛を論じた章よりも活劇的な章の法が面白いかもしれない。しかし、『ティラン』のストーリーに驚くべき一貫性があることは確かである。その会話というのも単なる机上の恋愛論には終わらない。男と女の釈明や申し開きが新たなエピソードへとつながって行く。彼らは声を荒げて詰問し、抑えがたい感情を表現するために叫ぶ。そのあまりの激しさが、さらなる行為を呼ぶのである。かと思えば、別の章では、問いかけられた人物に、再び発言の機会が与えられ、答えが提示される。そうこうするうちに、ほかの登場人物たちが現われて、新たな冒険を始めるのである。

マルトゥレイの創造性は、あらゆる局面で発揮される。こうなると、カタルーニャ語は小説を書くために理想的な言語であるように思えてくる。戦闘の描写などは、中世ヨーロッパ文学随一であると言ってもよい。とくにマルトゥレイは海戦を描かせたら天下一品である。ティランが敵の艦船を欺くために用いた戦略を嬉々として語っている。あるときは、爆薬を積んだ船をこっそりと敵船に接近させたり、離したりし、またあるときは、接舷して敵を粉砕する。水に飛び込むかと思えば、身を潜めたりする。マルトゥレイは的確極まりない語彙でその様子を綴るのである。

宮廷生活が描写の対象となることも多い。その意味では大変中世的である。豪華なタペストリーや垂れ幕、衣装に宝石――マルトゥレイは陽気に表面的な富を褒め称える。美に関する彼の趣味は、奔放な愛の喜びを描いたページによりはっきりと現われている。『ティラン』のなかの男女は、なんの臆面もなく快楽に身を任すからである。情交の場面が、すぐさま滑稽な場面に変わってしまうことも少なくない。主人公ティランは、愛する姫のベッドにもぐりこむために計略を巡らす。ところが物音で目を覚ました側近が騒ぎだしたので、窓から転落してしまう、といった具合である。作者は、人びとが繰り広げるドラマに絶えず好奇の視線を注いでいる。「永遠に続く愛」などという幻想に捕らわれることなく、残酷に過ぎ去る時間の脅威を忘れない。病がティランに襲い掛かり、彼は数日間生死の境を彷徨ったりもする。マルトゥレイが創りだした世界には、人間の生活のあらゆる要素が含まれている。創作文学において、これほどの水準の作品をカタルーニャ語で書いた者はそれまでにいなかった。そればかりか、この作品は、ヨーロッパの小説文学のなかでも間違いなく第一級の傑作なのである。

中世カタルーニャの演劇――中世のカタルーニャでは、アウジアス・マルクの詩やジュアノット・マルトゥレイの小説に匹敵するような演劇作品の傑作は生みだされなかった。宗教劇にも非宗教劇にも、見るべき作家はいない。

ヨーロッパのほかの地域同様、当初、宗教劇は教会の内部や、その前の広場で上演されていた。その後、十四世紀から十五世紀にかけて、降誕や復活の秘跡をテーマに真に演劇と呼べる作品が現われるようになった。合唱とともに、キリストの誕生、羊飼いたちの訪問、東方の三博士の来訪がカタルーニャの教会内で再現され、庶民もそこに参加することができた。最初は無言劇であったが、のちには台詞も付けられた。二〇年ほど前には、この種の劇はどこでも見ることができた。現在でも、多少近代化はされているものの、ウルジェイやジロナの教区では上演されている。キリストの受難に関する短いストーリについても同様のことが言える。その最も古いものは一三三〇年に遡る。初演は十五世紀だと言われている『エルシュの奇跡』という素晴らしい作品は、いまも十一月はじめに上演されている。

カタルーニャの非宗教演劇にも大したものは残っていない。短い幕間劇、笑劇、茶番劇、仮面劇などが、大規模な祭や王侯貴族の歓迎の宴のなかで演じられたにとどまるようだ。また、バレンシアでは、街路や庭園で即興的に笑劇が演じられていたらしい。カタルーニャでは、カーニバルのときに民衆が大騒ぎをしたり仮装したりすることが盛んであった。大道劇には、このような要素が明らかに見られるが、まだ演劇として確立されていたわけではなかった。

Ⅲ　三世紀にわたる抑圧と沈黙（一五〇〇～一八三〇年）

現在、カタルーニャ文学史の研究者たちは、従来、「衰退期」という、いささか行き過ぎた表現で形容されてきた十六、十七、十八世紀を見直すべきではないかと考えるようになってきている。確かに文学的な活動が後退していたことは間違いなく、その原因も明らかではあるが、同時に、これまであまり知られていなかった作品を再評価すべきだというのである。たしかに、一五〇〇年から十九世紀の中頃までのあいだ、ラモン・リュイ、ラモン・ムンタネー、アウジアス・マルク、ジュアノット・マルトゥレイに匹敵するような詩人も散文作家も一人も出ていない。しかし、この創造活動の欠如の原因は、純粋に政治的なものである。つまり、カトリック両王〔カスティーリャ女王イサベル一世（一四七四～一五〇四年）、アラゴン王フェルナンド（一四七九～一五一六年）〕以降、カタルーニャはスペインに併合され、カスティーリャ語が少しずつ宮廷や知識人のことばになっていったということである。もっとも、カタルーニャの民衆は、この三世紀間も相変わらずカタルーニャ語を話しつづけていたのだが。文学はスペイン語化したが、一方で、完全に過去のものとなってしまったカタルーニャ語の独自のスタイルを再興しなければならないと考える作家がいなかったわけではない。

多くの作家が両方の言語で書いてはいたものの、一般的に言って、カスティーリャ語の作品のほうが質的に優っていた。代表的な人物としては、『宮廷人』（一五六一年）という詩劇のようなものを書いたリュイス・ミラ（カスティーリャ語読み、ルイス・ミラン）、カタルーニャ語とカスティーリャ語で戯曲を書いたジュアン・ファランディス・ダラディア（一四八〇～一五四九年）、そしてカタルーニャ語で二つの神秘劇を書いたジュアン・ティムネダの三人を挙げることができる。

十七世紀カタルーニャには、バロック文学というものは存在しない。ただ、「バイフゴナ修道院長」の名で知られるビセンス・ガルシア（一五七九～一六二三年）が、主として宗教的内容の中世の詩からインスピレーションを得た作品を書き、フランセスク・フンタネリャ（一六一五～八〇年）が二編の田園詩、ソネット（一六四八年）を残したことは記憶にとどめておくべきだろう。

十八世紀の傑出した文人といえばマルダー男爵（一七四六～一八一九年）ぐらいであろう。男爵は十巻からなる『仕立て屋の引き出し』（「ごたまぜ、寄せ集め」を意味する慣用句）という日記を残している。内容は旅や風景に関する印象記であり、カタルーニャ文化への関心を読み取ることができる。

しかし、この三世紀、とくに十七、八世紀のカタルーニャでは、真の文学は民衆のあいだに隠れていたのである。その唯一、勢いのある文学とは、民謡や民話といった口承文学であった。クリスマス・キャロルなどは現在まで伝えられている。なかには印刷されてカタルーニャ中に広がったものもあった。プロバンスの詩の形式を踏襲した「ゴッチ」（賛歌）と呼ばれる宗教歌の一部や、共同体の記憶に残るジュアン・ダ・サラリョンガらの山賊の活躍を描いた『山賊、盗人の歌』（たいてい八音節のロマンセで書かれた）などがその例である。この山賊は金持ちから奪った金を貧乏人に分け与えたことで知られている。

民衆の日常生活のなかでカタルーニャ語が根強く生き延びていたことと、民衆詩の存在が、十九世紀に質の高い文学が出現することを可能にしたのだが、十八世紀にも、すでにその兆候は見られていた。その背景には、カタルーニャが経済先進地域になりつつあったという事情がある。農業生産が伸び、資本が蓄積され、そして人口がかなり増加した（一七八七年の人口は一七二八年の倍になっていた）ことを考慮すれば、「新国家基本法」（一七一六年）〔スペイン継承戦争で敗者となったカタルーニャは、この法によって自治権を奪われた〕の存在にもかかわらず、カタルーニャの知識人たちが自分の国の経済史、あるいはその歴史そのもの、およびその言語の歴史に興味を持ちはじめたのも無理からぬことだったのである。スペイン語ではあったが、アントニ・ダ・カップマニィの『古代バルセロナの海運、商業、手工業について』（マドリード、一七七九〜九二年）のような作品が編まれているし、また、一七五二年に設立された王立バルセロナ文学アカデミーもカタルーニャの歴史や言語に対する関心の現われであった。

Ⅳ 「ラナシェンサ」――カタルーニャ十九世紀ルネサンス

「ラナシェンサ」とは、文字通り訳せば「復活、再生」という意味である。この思想・文学運動は、ボナベントゥラ・カルラス・アリバウが「祖国への頌歌」を『バポール』誌に発表した一八三三年八月二十四日に正式に始まったとされている。この詩は、アリバウが上司のガスパル・ダ・ラミザの誕生日を祝って贈ったものである。そこには、小さな祖国への思いが、母から授かったことばカタルーニャ語で情熱的に表現されている。この頌歌はカタルーニャという共同体の何よりも雄弁なシンボルとなったのである。一八三三年から三四年にかけては、亡命者たちが海外からスペインに戻り、自由主義思想と、豊かなロマン主義文学を持ちかえった時期でもあった。ただし、そのような進歩主義的な空気のなかにあっても、ラナシェンサ自体は保守的な運動であったのだが。J・ルビオ・イ・オルス(一八一八〜九九年)は『リュブレガットのバグパイプ吹き』を発表して「花の宴」(中世に起源を持つ詩の競技会)の再興(一八五九年)に貢献した。この競技会は、中世以来の豊かな伝統を持つカタルーニャ語とその文学を復興し、現代的なものにまで高めるために重要な働きをした。一八三五年頃のカタルーニャでは、かつてなかったほど歴史研究、哲学研究が盛んになった。プルスペー・ダ・ブファリュイは『歴代バルセロナ伯爵再発見』(一八三六年)を発表し、トーラス・アマットは『カタルーニャの作家辞典編纂のための覚え書き』(一八三六年)を著わした。このほかラナシェンサ期で特筆すべき詩人や研究者には、マリアー・アギロー(一八二五〜九七年)、マヌエル・ミラー・イ・フンタナルス(一八一八〜八四年)などがいるが、なかでもジャシン・バルダゲーの存在抜きにラナシェンサを語ることはできない。

カタルーニャの詩の頂点:ジャシン・バルダゲー(一八四五〜一九〇二年)

——ラモン・リュイ、アウジアス・マルク、ジュアノット・マルトゥレイらから数世紀を経て出現した、カタルーニャ文学の第四の巨人がジャシン・バルダゲーである。

バルダゲーは一八四五年五月十七日、フルゲロラス村の貧しい農家に生まれた。一八五五年にビックの神学校に入学した。そこで古典文学と出会い、早くも詩作を始めている。一八七〇年、神父に任ぜられたのち、『アトランティダ』という長大な詩を書きはじめる。この作品は、一八七〇年、彼が船付き司祭を務めていた「ギプスコア丸」の船上で完成した。当初はクリストファー・コロンブスの航海についての叙事詩を書くつもりだったのだが、結局、大昔に太洋に飲まれたという大陸の伝説が中心テーマとなった。この詩のなかでは、十二音節のアレクサンドリーの特徴を充分に活かし、誇張的イメージを駆使して海洋世界が再現されている。ギリシア・ラテン神話の風景や人物と、きわめて現代的な描写がみごとな調和を見せている。『アトランティダ』は一八七七年の「花の宴」で一席に選ばれた。バルダゲーの令名はフレデリック・ミストラル〔プロバンスの詩人。ノーベル文学賞受賞〕によってフランスに紹介された。

バルセロナでコミーリャス侯爵の家庭司祭の職を得たバルダゲーは、執筆に専念できるようになった。ここでバルダゲーは『牧歌と神秘詩』、『バルセロナ頌歌』を書き、そしてついに傑作『カニゴー』（一八八六年）〔カニゴー山は、ピレネー山脈にある、カタルーニャの聖地〕を書き上げた。『カニゴー』は叙事詩であるが、叙情性にもあふれている。カタルーニャの歴史と文化を総合的に表現することを目指して書かれたこの詩には、中世の英雄バルナット・タリャフェロのような実在の人物が登場するかと思えば、完全に架空の妖精も出てくる。彼は、カタルーニャの大地と、そこに生えている花々、そこに眠る鉱物などの資源を正確に描く。詩人は詩のなかでピレネー山脈を端から端まで旅した末にやっと、カタルーニャのシンボルとも言うべきカニゴー山に到達する。そこに至る過程で歌われてきたすべての矛盾や諍いがこの山で解決するのである。ビックの農民の子倅が、奇跡的ともいえるほど豊かな語彙を使いこなし、ついにはカタルーニャ語を現代的な芸術としての詩に適したことばにまで引き上げたのである。

バルダゲーはその後、コミーリャス伯爵邸で行なった悪魔祓いや、伯爵家の金を貧民への施しにつぎこんだことによって教会当局と問題を起こすが、「シント師」と呼ばれ、バルセロナ中、否、カタルーニャ中で慕われていた彼の人気がそれによって翳ることはなかった。彼はそのほか『日々のバラ』（一八九三年）、『磔刑の丘の花々』（一八九六年）といった宗教詩、みずからの潔白を証明するために書かれた一連の記事「みずからの弁護のために」（一八九五～九七年）などを残した。バルダゲーの葬儀は一九〇二年、何千人もの参列者を得てカタルーニャの首都で執り行なわれた。一八八五年、パリで行なわれたビクトル・ユゴーの葬儀にも匹敵するものであったという。バルダゲーがカタルーニャの国民的詩人であることに異議を唱える者はあるまい。

十九世紀の詩、演劇、小説――十九世紀初頭のカタルーニャには、独自の演劇というものは存在しなかった。上演されるのはマドリードからやって来たものか、カスティーリャ語で書かれた作品を焼直したものばかりであった。庶民の生活を題材にした喜劇『サイネテ』がささやかな成功を収めていたぐらいである。そのなかで、多少とも創造性を持った作家として、ジュゼップ・ルブレニュ（一七八三～一八三八年）とフランセスク・ルナール（一七八〇～一八三八年）を挙げることができる。

カタルーニャ語の演劇が充実しはじめるのは一八五〇年以降のことである。「タリェー」と呼ばれる宴会場兼劇場が徐々に劇作家を集めはじめた。一八六〇年から八〇年にかけてのカタルーニャ演劇界で最も重要な劇作家は、サラフィ・ピタラの筆名で知られるフラダリック・スレーであった。彼の初期の作品は、風刺喜劇で、バルセロナの観客の大人気を博した。一八六六年以降はルメア劇場を拠点として、ピタラはロマンチックな演劇を発表した。この時期の最高傑作は『ルゼーの宝石』である。当時彼は風刺を捨てて、新興ブルジョワジーの理想を代弁するようになっていた。一八六六年以後のスレーは自由主義思想にも接近した。成功に味をしめたスレーは歴史劇や軽い喜劇など、さまざまなスタイルに手を染めたが、正直なところ、一八八五年以後の作品には大したものはない。スレーはたしかに先駆者としていくつかの道を拓いたが、カタルーニャ文学の巨匠の一人ととなることは叶わなかったのである。

スレーの最大のライバルは、驚異的な人気を誇っていたアンジェル・ギマラー（一八四五年～一九二四年）であった。ロマン主義から出発したギマラーは、やがてリアリズムのタッチでカタルーニャの田舎の社会を描くことに専心するようになる。彼の作品で最も名高いのは『テーラ・バシャ』（一八九七年）である。このなかには、高貴なカタルーニャ的風物が最もよく見られる地方テーラ・バシャに対する崇拝にも似た作者の態度を読み取ることができる。ただ、社会批判が含まれているとはいうものの、全体としては非常に保守的であると言わざるをえない。

十九世紀のカタルーニャ小説――『ティラン・ロ・ブラン』以来三世紀にわたって、多少なりとも価値のある小説は一編も書かれていなかったのだから、カタルーニャは、真の小説的な創作活動再開までにずいぶんと長い時間を要したことになる。十九世紀になるとまず、ウォールター・スコットのスペイン語訳に強い影響を受けた作品が出現した（一八〇〇年）。しかし、とくに一八三五年から四〇年にかけては、ジャーナリズムがカタルーニャ語散文の発達に重要な役割を果たした。J・イシャールやJ・サルダーといった才人が社会風俗を批判したり理論的に分析したりするエッセーを発表したのである。サルダーは物語や短編小説も書き、のちに新聞にも連載するようになった。

十九世紀の小説で忘れてはならないのはナルシス・ウリェー（一八四六～一九三〇年）である。ウリェーは当初、スペイン語で作品を発表していたが、やがてカタルーニャ語で書くようになった。バルザックやゾラの愛読者であったウリェーは、王政復古時代のスペインの政治的、社会的現実を描きだそうとした。『蝶々』（一八八二年）はフランス語にも翻訳されている。一八八四年、貧乏人を苦しめる強欲な人物を描いた『守銭奴』を発表し、一八八五年には地方の小都市を舞台にした年代記的な『ピラニウ』を出版した。傑作『黄金熱』（一八九〇〜九二年）のなかでウリェーは、バルセロナの空前の好景気で財産を成した株屋ジル・フォシュの成功と没落を描きだした。多様な登場人物、ときとしてドタバタすれすれになるユーモア、株式取引所の光景、バルセロナの風景、とくに街灯に照らされる港の静寂、リセウ劇場の豪華なホールなど、そして活きいきとした会話、このような要素が相俟って、この二部からなる小説は、現代の読者の鑑賞にも充分耐えうる作品となっている。『狂気』（一八九八年）は、精神異常を自然主義の手法で扱った実験的作品である。最後の小説となった『ピラール・プリム』でウリェーはリアリズムと決別し、ムダルニズマ〔モダニズム〕へと移行する。この、時代の制約に逆らって自由に生きようとする女性の物語は、現在でもなお魅力を失っていない。

V　二十世紀――一八九〇年から内戦まで

ムダルニズマ〔モダニズム〕――十九世紀末から二十世紀初頭にかけての時期の特徴は、政治と芸術の両面において、カタルーニャ主義が勢力を拡大したということである。民族主義的文化の確立にブルジョワジーがはたした役割は大きい。庶民は庶民で、そのような社会的意識と呼べるようなものはなかったとはいえ、日常的にカタルーニャ語を維持することで貢献してきていた。また、カタルーニャという共同体への帰属意識も強かった。ムダルニズマは一八九〇年頃に誕生し、マラガイが死去する一九一一年に終わる。この思潮は、基本的に、過去と決別し、まったく新しい世紀を始めようという運動であった。

この流れは文学だけに見られたわけではない。建築、彫刻、絵画、音楽にも同じような傾向が現われた。芸術家たちは、自分たちをカタルーニャ人だと規定しようとしていたが、その一方で、地方主義に陥ることを恐れてもいた。彼らはヨーロッパと接触をとり、フランスの印象主義に影響を受けた。画家でもり作家でもあるサンティアゴ・ルシニョルはムダルニズマの初期に重要な役割を担った人物である。彼は〔バルセロナから南に少し下ったところにある漁村〕シッジャスに「カウ・ファラット」という拠点を作り、そこで大々的にムダルニズマの祭典を催した。ムダルニズマ運動を支えた重要な雑誌として、「ムダルニズマ」という名称を初めて使った『アベンス』(一八八一～九三年)、『四匹の猫』、『ペル・イ・プロマ』(一八九九～一九〇三年)、『カタロニア』(一八九八～一九〇〇年)、『青年』(一九〇〇～一一年)を挙げることができる。

ルシニョルは、ブルジョワ階級の出身の知識人であったが、みずからの階級を見限ったのだった。彼はボヘミアン的生活を送ると公言するのだが、結局は経済的に立ち行かなくなり、後悔することになった。ブルジョワジーが、ムダルニズマの主義主張をあまりにも急進的だと判断し、もっと現実主義的で穏健な運動へとさっさと鞍替えしてしまったからである。

ムダルニズマの魂ともいえる偉大な詩人がジュアン・マラガイ（一八六〇年〜一九一一年）である。やはりバルセロナのブルジョワ階級出のマラガイは、カトリックの敬虔な信者だった。彼は生涯、経済的に困ったことはなく、マラガイの名を聞いて人びとが抱くのは、その一三人の子に囲まれた良き父というイメージである。しかし、このイメージは偽りとは言わぬまでも、少なくとも、一面的である。たしかにマラガイは『ディアリオ・デ・バルセロナ』紙に記事を書き、また、作品中には頻繁にブルジョワ階級独特のイデオロギーが顔を出すが、マラガイのオリジナリティーはそのことによっていささかも減ぜられるものではない。マラガイはニーチェを愛読し、そこにムダルニズマの真髄と生命の源を見出していた。『ことば礼賛』（一九〇五年）と『詩礼賛』（一九〇七年）では彼の詩についての考え方が縦横に語られている。『詩集』（一八九五年）、『幻想と歌』（一九〇〇年）、『雑詩集』（一九〇四年）、『あそこ』（一九〇六年）、『連続』（一九一一年）を発表したのち、マラガイは三部からなる長編詩『アルナウ伯爵』（一九〇〇年、一九〇六年、一九一一年）の執筆に没頭する。この詩はカタルーニャの伝説を下敷きにしたもので、詩人はみずからの執念や欲望をそこに投影したのである。『バルセロナ頌歌』（一九〇九年）は「悲劇の一週間」（モロッコの植民地戦争のための無理な徴兵に怒った労働者らが教会などを焼き討ちにした事件）直後のバルセロナを愛憎交えて描いたものである。しかし、マラガイの最高傑作はなんといっても『魂の歌』（一九〇九〜一〇年）である。そのなかで彼は、一人の信者として神に、この世の美を判断する力を与えて欲しいと懇願している。「空の青さは奇跡のように美しい。であるならば、それに優るものなどありうるだろうか」と。

ムダルニズマの小説というものはほとんど存在しない。それはおそらく、ムダルニズマが優れて詩的なものだったからだろう。数少ない小説は、一般に、単純で、好悪をはっきりと描く傾向が強い。つまり、農村の生活が嫌悪され、そこからの脱落者が賛美されるのである。ラモン・カゼリャス（一八八五〜一九一〇年）の『原野の穴』（一九〇一年）、ミケル・ダ・パロル（一八八五〜一九六五年）の『光の道』（一九〇四年）がその代表である。一方、プルデンシ・バルトラナ（一八六七〜一九四二年）の『ジュザファット』（一九〇六年）を読めば、都市の生活も同様に破滅的であると見なされていることがわかる。小説自体が、その物語性を犠牲にして散文詩化する傾向があった。カタリーナ・アルベール・イ・パラディス（一八六九〜一九六六年）がビクトール・カタラーという男性名の筆名で書いた『孤独』（一九〇五年）がその好例である。

ムダルニズマの演劇には、台詞回し、音楽、舞台美術、など、あらゆる面でヨーロッパの影響が強く感じられる。サンティアゴ・ルシニョルやアペラス・メストラスは、メーテルリンクからインスピレーションを得ている。彼らの演劇では、象徴性が過剰なために演劇性が損なわれることがしばしばあった。ヨーロッパの劇作家のなかでも最も二十世紀初頭のカタルーニャの作家たちをひきつけたのはイプセンであった。

演劇界で一際目立つのが、インティム劇場（一八八九年）の創立者アドリアー・グワル（一八七二〜一九四三年）の存在である。この劇場は、カタルーニャ・ムダルニズマ演劇の実験の場となった。イプセンとガブリエレ・ダンヌンツィオに心酔していたグワルは演出をし、脚本も書いた。彼は、カタルーニャ文化に根づいた真の意味で民衆演劇を確立することを夢見たのである。

ノウサンティズマ（「一九〇〇年主義」）――「地方主義連盟」に近く、のちに「カタルーニャ共同体」に結集することになる知識人たちは、近代的で二十世紀にふさわしいカタルーニャ主義を、より厳密で客観的に定義することを望んだ。カタルーニャ史の専門家は普通、ノウサンティズマの時期を一九〇六年から二三年に設定する。カタルーニャの政治は、当然、カタルーニャ文化と無縁ではありえない。ノウサンティズマの芸術家たちの美的感覚は、基本的に古典主義である。もちろん、前の時代のローカルな古典主義ではなく、明晰さ、理性、それに諧謔の精神を加えた、世界に通用する古典的美を標榜したのである。

ノウサンティズマのなかでとくに活動的で影響力があったのはアウジェニ・ドルス（一八八一年〜一九五四年）であった。ドルスはカタルーニャでも最も評価が分かれる人物の一人である。カタルーニャ学術院（一九〇七年）の院長を務めたほか、ドルスは一九〇六年から『カタルーニャの声』紙にシェニウスの筆名で「術語集」というコラムを書いていた。また『立派な女』（一九一一年）という、エッセーと小説の中間のような奇妙な作品も残している。この作品の女主人公は、カタルーニャを象徴しているのである。

二十世紀初頭、最大の芸術家はジュゼップ・カルネー（一八八四〜一九七〇年）である。カルネーは非常に早熟で、二十歳そこそこで『第一ソネット集』（一九〇五年）や『おいしい果実』（一九〇六年）を発表し、一躍、ノウサンティズマの代表的詩人の一人に数えられるようになった。ほかには『優雅な庭』（一九一一年）、『絵物語と扇』（一九一四年）、『風のことば』（一九一四年）、『葦原の微風』（一九二〇年）などの作品がある。カルネーはその後外交官となり、世界中を旅した。それがきっかけでノウサンティズマとは距離を置き、ポスト象徴主義に惹かれるようになった。そして『静かな心』（一九二五年）、『プブレットの春』（一九三五年）を発表する。内戦後成立したフランコ政権を嫌悪し、カルネーは亡命する。彼はまさに、この亡命中に最も豊かな作品群を残すことになった。『預言者』（一九四一年）という題の、聖書のヨナの物語に題材をとった長大な瞑想的作品は、二十世紀カタルーニャ詩の傑作である。カルネーは傑出した韻文作家であったが、同時に、馬鹿げた世間を揶揄したり嘆いたりする、叙情的な短詩を書くこともできた。

ほかに注目に値する詩人としては、傑作『アメジストの山』（一九〇八年）でムンセニィ山を隠喩に満ちた豊かなことばで描いたグエラウ・ダ・リオスト（ジャウマ・ブフィイ・イ・マタスの筆名）（一八七八～一九三三年）やジュゼップ・マリア・ロペス・ピコー（一八八六～一九五九年）がいる。ロペス・ピコーは、『捧げ物』（一九一五年）、『哀歌』（一九二五年）、『ことばの休暇』（一九二七年）ほか、きらびやかな詩が収められた、一〇〇にのぼる詩集を残しているのだが、実際のところ、その研究はまだこれからというのが現状である。カルラス・リーバ（一八九三～一九五九年）、クラマンティーナ・アルダリウ（一八八九～一九七六年）の二人の詩人は、一九二五年には作品を書きはじめているのだが、内戦後世代として取り上げることにする。もう一人ノウサンティズマの同時代人で重要なのは、ルセリョー出身のジュゼップ・サバスティアー・ポンス（一八八六～一九六二年）である。彼は『バラと糸杉』（一九一一年）、『鶫は歌う』（一九二五年）、『空気と木の葉』（一九三〇年）、そして何よりも『カンティレーナ〔短い抒情詩〕』（一九三七年）

という傑作を残している。高名な大学教授でもあったポンスは、国籍こそフランスだったが、カタルーニャ固有の文化や風景を歌うために独特の詩的言語を作りだした。

内戦前の小説と演劇――ノウサンティズムには小説というジャンルは存在しないが、一九三六年以前にも、フィクション以外の散文作品は書かれていた。そのなかには、通常、小説には分類されず、そのために、現在、必ずしも然るべき評価を受けているとはいえない独創的な作品もある。

ジュゼップ・プラ（一八九七〜一九八一年）は、一九三六年以前から執筆を始め、内戦後にも活躍した偉大な散文作家である。彼の生涯については諸説があるが、ここではその問題には立ち入らないでおこう。カタルーニャ文学の多くの権威たちが、プラの唯一の関心事はみずからの言語で書きつづけることであったと証言していること、そして、このアンプルダー地方リュフリウ村出身の巨人の作品群がカタルーニャ文学の一つの頂点を成していることを知れば充分だからである。ただ、ジロナ大学の若い研究者シャビエー・プラ（ジュゼップ・プラとの親戚関係はない）。が、最近、プラの自叙伝的作品についての学位論文を完成させたことは言い添えておく。春になると一斉に開花するスミレ、アンプルダー地方特有の強い北風に耐え、空をバックに鮮やかなシルエットを描く隠者の庵――そのような風景を的確に伝えるプラの傑作『灰色のノート』を、フランスの読者も翻訳によって楽しむことができるようになった。

この時代の、厳密な意味での小説としては、サンティアゴ・ルシニョルの『アステバ氏の物語』（一九〇七年）をまず挙げることができる。この小説は、バルセロナの人びとの事なかれ主義を皮肉ったもので、一九一七年には舞台化されている。そのほか内戦前の小説家には、ジュアキム・ルイラ（一八五八〜一九三九年）、『ジュディタ』を書いた奇才F・トラバル、ジュアン・プッチ・イ・ファラテー（一八八二〜一九五六年）などがいる。忘れてならないのは、名作と呼ばれるにふさわしい『ラウラと聖者の街』（一九三一年）を残したミケル・リョル（一八九四〜一九六六年）である。この作品は、バルセロナ生まれの若くて美しいラウラの痛ましい人生の物語である。ラウラは地方都市ビックのクマルキナルという小貴族のもとに嫁ぐが、やがて田舎の暮らしの退屈さ、偽善的なところ、惨めさなどに気づくようになる。ラウラは当初、夫を愛し、性的にも満たされてはいたが、止むにやまれずバルセロナへ戻り、そこで比較的安定した精神状態を取り戻すことになるのだった。

一方、演劇は、当惑を禁じえないほどの多様化を見せていた。唯一名を挙げるに値するのは、貴族出身で教養も豊か、しかも精神性に富んでいるというユニークな存在、ジュゼップ・マリア・ダ・サガーラ（一八九四〜一九六一年）のみである。サガーラは初期の頃にはノウサンティズマの一員だったが、のちには独自のスタイルを確立するに至った。彼はダンテやシェークスピアのすぐれた翻訳者であったうえ、『私生活』（一九三二年）という小説も出版している。しかし、彼が、全カタルーニャ規模で大成功を納めたのは劇作においてであった。最初に手がけたのは数編の風俗劇の習作だった。それから詩劇にも手を染めた。あらゆる社会階層のことばに通暁し、『水夫のカフェ』（一九三三年）ではアンプルダー地方の漁師（とくに夏の休暇を過ごしたラ・セルバ港の漁師）の会話を活きいきと再現した。戦後のサガーラは戦前にくらべると見劣りがするが、『シルビアの運命』（一九四七年）は傑作と言ってよい。

カタルーニャのアバンギャルド――カタルーニャのアバンギャルドは三つの時期に分けることができる。『391』、『民衆の敵』(一九一六年)、『かけら』(一九一六年)、『電弧』(一九一八年)などの雑誌によって特徴づけられる第一期(一九一六~二四年)、『芸術の友』(一九二六~二九年)や『プロペラ』、サルバドール・ダリの『黄色宣言』などの雑誌がシュルレアリスムを盛んに紹介した第二期(一九二六~三〇年)――(このグループは、ルイス・ムンタニャー、サルバドール・ダリ、そしてカタルーニャへシュルレアリスムを紹介した真の功労者サバスティアー・ガッシュから成っていた。このほか、あらゆる党派を超越していたJ・V・フォッシュがいる)、そして芸術集団「サイコロの七の目」(同名の雑誌も発行していた)によって代表される第三期(一九四八~五四年)である。

カタルーニャ・アバンギャルドは運動としての統一性に欠け、作為的で、露骨、かつ勝手気儘、理論的には弱いところもあった。ジュゼップ・マリア・ジュノイ(一八八七~一九五五年)はフランス詩の影響を強く受け、パリの芸術家たちとも繋がりがあった。貧しい家庭の出身であったジュアン・サルバット・パパセイト(一八九四~一九二四年)は、当初からアナーキズム思想に親近感を抱いていた。彼はアポリネールやマリネッティに傾倒し、形式的な遊びや活字の曲芸、文字とデッサンの融合といった手法を重要視した。『電磁波の詩』(一九一九年)、『星の武勲詩』(一九二二年)、『口唇にバラ』(一九二三年)、『小熊座』(一九二五年)などの作品がある。

内戦前夜のカタルーニャ文学は、第二共和制の教育政策、言語政策改革にも助けられて、非常に活気があった。なかでも詩は、ほかのジャンルが及びもつかぬほどの高い創造性を誇っていた。

VI 屈辱――ファシズムの三五年間（一九四〇～七五年）

カタルーニャはその歴史のなかで、またしてもアイデンティティー喪失の危機に直面することとなった。内戦で勝利を収めたフランコ政府がカタルーニャ語を根絶やしにしようとしたのである。その手段には、最も公式なもの（一九三八年の自治の廃止と、カタルーニャ語の使用禁止）からカタルーニャの人びとの日々の生活のうえに重くのしかかる無言の圧力の二つが用いられた。大学の教員や知識人にとってスペイン語を用いる以外の道は残されていなかった。すぐれた学者たちが教職を追われた。大部分の作家は亡命した。つまり、一九四〇年代の重要課題は、家庭のなかであれ、やがて始められた知的抵抗運動のなかであれ、ともかくカタルーニャ語の生命を維持すること、それに尽きたのである。しかし、やがて大学の教員は自宅に学生を集め、独自の教育を続けるようになった。パラウ・イ・ファブラの『ポエジー』（一九四四年）や『アリエル』（一九四六年）といった非合法雑誌が回覧された。大物作家も何人か帰国しはじめた。

ごく少数にせよ、カタルーニャ語による出版が可能になったのは一九四六年のことである。しかし本当の意味での再開は、一九五九年にムンセラ修道院から『黄金の山脈』という注目すべき雑誌が発行されたときであった。そして六十二年出版社が設立されたことは画期的出来事であった。数多くのカタルーニャ語の重要な書籍が当時もいまもこの出版社から出版されている。一九六一年に起こった「新しい歌」という運動は、文学の復活にも少なからぬ影響を及ぼした。シンガーソングライターのライモンはアウジアス・マルクやカルネーの詩を曲に乗せて歌った。そして自作の歌で、受け入れがたい強制に「ノー」を突きつけたのだった〔代表作に「『ノー』と言おう」という曲がある〕。

ファシズムに対する最も強力な抵抗手段として、詩を再認識する必要があるだろう。

すでに内戦前から『滞在記』第一集、第二集（一九二〇～二八年）によって名声を得ていたカルラス・リーバ（一八九三～一九五九年）は、亡命中に『ビエルビル・エレジー』（一九四二年）を発表した。これは二十世紀のカタルーニャ詩の最高傑作の一つと目されている。マラルメやヴァレリーやリルケを愛読し、ギリシア・ラテン文学を優雅なカタルーニャ語に翻訳した。そんな彼であったからこそ、詩のことばは、一時的な政治的苦境に打ち勝つことができるということを示せたのである。この二行詩の形式で書かれたエレジーには、スニオン岬〔ギリシアの岬。ポセイドン神殿の廃墟がある〕の崩れかけた柱の美しさ、そしてその上に広がる、万物の存在の保証者たる神の偉大さが歌われている。

ジュゼップ・ビセンス・フォシュ（一八九四年～一九八七年）は大変な教養人で、アウジアス・マルクの詩法を受け継いでいたが、同時に、稀有な言語的奔放さも持っていた。『太陽、そして悼み』（一九四七年）に収められたソネットは大部分が一九三九年以前に書かれたものであるが、興奮せずにはいられぬほど現代的である。この詩のなかで詩人は、遊具としてのことばの力を充分に意識しながら、貪欲に光と海を貪り、それと一体になろうとする。『非現実的なオメガ』は一九四八年に出版された。この本の主題は、隠喩の創造性である。彼のテキストは難解だが、「自動記述」とはまったく無縁のものである。カタルーニャ語の限界をぎりぎりまで追求したテキストは冒険的な実験であるが、それでいて、そこから偶発的に生ずる効果は、比類ない詩的知性にあふれている。フォシュは一九五三年に『私が鍵を置いた場所』を、一九六〇年に『十一回のクリスマスと一回の大晦日』、そして『これらの本を下の引き出しにしまってくれ』を出版した。一九六四年には、フォシュの詩の選集が編まれた。

海外で最もよく翻訳されているカタルーニャの詩人は、サルバドー・アスプリウ（一九一三〜八五年）である。内戦後もバルセロナに残り、孤独な生活を送ったアスプリウは、カタルーニャ内の執拗な抵抗運動の象徴的存在となった。

短い詩行と節、無駄のない正確なことば遣い、少ない形容詞、かすれた叫び声によって時折顔をのぞかせる密度の濃い乾いた叙情において、死の不安を宿す彼の作品は、あくまでも厳密で簡潔である。このような、秘儀伝授の儀式にもふさわしい彼の言語には曲が付けられ、カタルーニャの人びとに民族としての自覚と、自分のことばで歌う喜びを伝えた。『シネラの墓地』（一九四六年）はアレニィス・ダ・マル〔バルセロナ近郊の漁村〕の墓地の高みでの瞑想を歌ったものである（シネラ（Sinera）はアレニィス（Arenys）のアナグラムである）。ヴァレリーのように激することなく、そこでは人間の生と死が、カタルーニャの歴史や風景を通して、訥々《とつとつ》と語られている。

狭い谷を太陽の馬車が下っていく
ウイキョウとブドウの木が飾る稜線から
私の思い出のなかで
じっとたたずむ緑の糸杉の列に沿って
僕も静かな海を目指して歩いて行こう

ほかには『アリアドナの歌』(一九四九年)、『死夫人』(一九五二年)、『歩く人と壁』(一九五四年)、『迷路の果て』(一九五五年)、イベリア系ユダヤ人セファルディの古い神話や、その離散に題材を取って、フランコ政権に断固たる拒絶を突きつけた『雄牛の皮』(一九六〇年)、そして『聖週間』(一九七一年)などの作品がある。

前述の二人ほど外国では知られていないが、ジュアン・ビニョリ(一九一四〜八四年)は、余分な技巧をそぎ落とし、本質的なものだけを追求しようとした詩人である。そこには、存在のうえにのしかかる時間の重み、次第に薄れていく記憶、ある種の感情の無意味さ、真の経験を表現することばを見つけ出すことの困難さ、などが含まれる。おもな作品には、『いくつもの現実』(一九六三年)、『今、すべてが現われ、そして消えていく』(一九七〇年)、『またしても、ことば』(一九七三年)、『遅すぎる今』(一九七五年)、『銅箔の風』(一九七六年)、『複数の円』(一九七九年)などがある。

ガブリエル・ファラテー(一九二二〜七二年)は、冷笑的であり、かつまた鋭い批判眼を持つ、多面的な詩人である。彼は一九六〇年頃に、日常的な言語に基づく独自の文体を作り上げた。とは言っても、リアリズムの詩を書くわけではなく、最も日常的な物や行為にまったく異なった意味を与えるのである。ことばが変質し、飛び跳ねる。そこにリズム感を取り入れるためには、荘厳さや堅苦しさに一歩も道を譲ろうとしない、細心かつ大胆な仕事が必要である。ファラテーは『奴隷に木の実を与えよ』（一九六〇年）、『お前の足を食え』（一九六二年）、『物体論』（一九六六年）の三冊の詩集を出版したが、一九六八年、それらが『女たちと日々』という題で一冊にまとめられた。

ジュアン・ブロッサ（一九一七年～一九九八年）は、多才な芸術家で、詩や演劇に才能を発揮したほか、ミロやアントニ・タピエスといった偉大が画家たちとも仕事をしている。

ジュゼップ・パラウ・ファブラ（一九一七年～一九七五年）はピカソ研究の世界的な権威であると同時に、アバンギャルドと関係の深い、スケールの大きな詩人でもあった。彼の最高傑作は「錬金術師の詩」（一九五二年）で、そこにはことばで世界を変えようという意欲にあふれた、魔術的な詩が収められている。ファブラはランボーの『イリュミナション』や『地獄の季節』の翻訳者である。

困難な時代にカタルーニャ語の存続に貢献した詩人たちのなかには、ほかに、『奇跡の書』という美しい詩集を残したビセン・アンドレス・アスタリェス（一九二四～九三年）、深く心に染み渡る作品を書いたジュアン・クルミナス（一九二三年～）がいる。また、ミケル・マルティ・イ・ポル（一九二九～二〇〇三年）は当初、『民衆』（一九五六年）、『工場』（一九七二年）といった社会派の作品を発表していたが、のちには、より普遍的で奥深い詩を書くようになった。マリョルカ出身のブライ・ブネット（一九二六年～）

は、その厳密かつ純粋な文体で注目を集めたが、のちに精神性を追求するようになり、『魂の歌』(一九五二年)、『喜劇』(一九六〇年)などを発表した。

カタルーニャ語の小説は、長いあいだ、ないがしろにされ、創造性とは程遠い道を歩んでいた。それが、一九六〇年頃になると、突然、開花する。そのなかで、オリジナリティーと、旺盛な創作意欲でとくに注目に値する作家を二人挙げておく。

まずマルセー・ルドゥレダ(一九〇八〜八三年)である。ルドゥレダは、内戦終結前にすでに『アロマ』(一九三八年)を発表している。彼女は、共和国側との結びつきが強かったので、スペインをあとにし、パリとジュネーブで亡命生活を送った。創作にかける情熱にあふれるこの傑出した女性作家は、最悪の条件のなかでも書くことを止めなかった。『ダイアモンド広場』(一九六二年)は、発売以来、熱狂的な支持を得た。現在までに、この作品は三〇カ国語に翻訳されている。一人称で語られるこの小説の主人公は、下町娘ナタリアである。夫に「小鳩ちゃん」と呼ばれていたこの女性は、内戦中、夫を失い、二人の子供を抱えて孤独と貧困に苦しむことになる。その後、再婚によって、平穏な生活が戻ったかに見えるのだが……。ダイアモンド広場は、実際にバルセロナにある広場で、そこの祭で、彼女は一人目の夫、キメットと初めて出会ってダンスをしたのである。また、その広場は、物語の最後で、ナタリアが、羽を逆立てて雨水を飲む鳩たちを見ながら、みずからの不安を払い除けようとする場所でもある。

『椿通り』(一九六六年)、『海辺の庭』(一九六六年)を発表したのち、マルセー・ルドゥレダは、傑作の一つ『砕けた鏡』(一九七四年)を出版する。この小説では、合わせ鏡のような効果を使って、失われた過去が蘇えらせている。何人かの登場人物が、それぞれ、自分に都合に良く作り変えたストーリーを語るのだが、そのなかには、幻滅にいたる危険な毒が潜んでいることが浮かび上がってくるのである。『私とクリスティーナ、そのほかの物語』と題された作品集の中心を成すのは幻想である。全体にきわめてカタルーニャ的ではあるが、そこに描かれた事物は、一般的な人が抱く不安や喜び、そして永遠の幼年時代を生きたいという常軌を逸した欲求を象徴しているのである。

カタルーニャの六〇年代を代表するもう一人の大作家はマリョルカ出身のリュレンス・ビリャロンガ（一八九七〜一九八〇年）である。『婦人の死』（一九三一年）は、地方の小貴族の日常の些事を篩《ふるい》にかけるように細かく、優雅かつ皮肉っぽい筆致で描いたものである。彼らの生活が、いかに誤解に基づき、息の詰まるように厳格なしきたりに支配されていたかをうかがい知ることができる。しかし、なんといってもビリャロンガの最高傑作は『ベアルン』（一九六六年）である。（この作品は、ランベドゥーサの『山猫』との類似性がしばしば取り沙汰される）。作者はさまざまな手法を用いて、田舎貴族の家の三世紀にわたる衰退を描写する。彼らの遍歴は、徐々にストーリーから離れて一種の夢想と化していくのである。

一九六〇年から七〇年頃の、このほかのおもな作家については、いまだ充分な評価がなされていない。そのうち何人かの作品を挙げるとすれば、ジョルディ・サルサネダの『神話』（一九五三年）、ジュアン・サラスの『不確かな栄光』（一九五六年）、ビクトー・モラの『バルセロナのプラタナス』（一九六六年）、シャビエー・バンガレルの『敗者』（一九六九年）、マリア・アウレリア・カプマニィの『死者に囲まれて』（一九六八年）、ペラ・カルデースの『短編集』（一九三六〜六七年）、タレザ・パミアスの『プラハの遺言』（一九七〇年）などがある。

なかでも、最も創造性が高く評価され、最も多くの外国語に翻訳されているのがバルタサー・プルセル（一九三七年～）である。『ソルネグラ』（一九六一年）、『アルゴナウテース』（一九六八年）、『花盛りのアーモンドの木の下の死体』（一九七〇年）、そして荘厳な『暗闇へ向う馬たち』（一九七五年）といった作品は、このマリョルカ出身の作家の偉大な想像力の証となっている。その文体は、ときとして焦燥感に駆られているかのように性急であり、また、ときとして豊かなゆとりを感じさせる。まるで、そこには、マリョルカ島の伝説の水夫たちの航海と、恐ろしいユダヤ人狩りが同居しているかのようである。

内戦後のカタルーニャの演劇界は、スペイン語の作品か、十九世紀の作品を上演するばかりであった。一九五五年になってようやく、演劇の刷新に貢献することができる組織が創設された。まず、ブレヒトなど海外の作品を紹介した「バルセロナ演劇協会」、そしてマリア・アルレリア・カプマニィとリカール・サルバットが主宰した「アドリア・グアル舞台芸術学校」である。また、アルベール・ブアデーリャ率いる劇団「吟遊詩人」が一九六二年、活動を開始した。

一九六〇年代の劇作家としては、『人間とNO』（一九五八年）という驚くほど内容の濃い作品を残したマヌエル・ダ・ペドロロ（一九一八～一九九〇年）、「演劇詩」ともいうべき、研究に値するジャンルを開拓したジュアン・ブロッサ（一九一九年～一九九八年）、一九六八年にバルセロナで大成功をおさめた『笛吹きの祭壇画』を書いたI・テシドーを挙げることができる。一九六〇年から六五年頃の代表的詩人であるサルバドー・アスプリウ（一九一三～八五年）は劇作家としても『アステーの最初の物語』

（一九五八年）、詩や小説としても読める作品を数編収録した『シネラの死の巡回』（一九六五年）、『もう一人のフェドラを頼む』（一九七八年）などを発表している。

このフランコ政権下の三〇年間、カタルーニャは、一時はその言語が死に瀕していたものの、一九五五年頃にはみごとに立ち直り、活発な文学活動を続け、あらゆるジャンルで傑作、名作といわれる作品を生みだしたのである。

Ⅶ 民主化後の二〇年。一九九七年現在の状況

一九八〇年から九七年にかけてのカタルーニャの詩は豊作であったといえる。カタルーニャ語を洗練する、ということが引き続き最も重要な課題となり、カタルーニャ語の詩のみならず、英語、ドイツ語、フランス語などの詩が参考とされた。

ナルシス・クマディィラ（一九四二年〜）はスケールの大きな詩人で、純粋で剝きだしな形で、心の内面の苦しみと歓喜を表現することに成功している。その作品には、『嘆きの友』（一九七〇年）、『緑の園』（一九七二年）、『幻滅』（一九七六年）などがある。最近発表された『用益権』（一九九五年）のなかで、詩人は、生きとし生けるものの素晴らしさを讃え、自分は、詩の力で「透明」になった生き物を通り抜けながら、それを見つめることができる、と歌っている。

アントニ・マリー（一九四四年〜）は、素晴らしい文学論、哲学論を著わしている。傑作『冬の旅』という詩集で彼は、ほかに例を見ない構造と音楽性を持つカタルーニャ語を実現している。

偉大な旅行家であり、いくつもの言語に通じた大教養人でもあるフランセスク・パルサリザス（一九四四年〜）には、『黄金時代』という作品集がある。そこからは、彼の測り知れぬ活力、優雅で高踏的な皮肉、そして絶えず普遍性を追い求める姿勢を読み取ることができる。

スペイン王立言語アカデミーの会員であるペラ・ジンファレー（一九四五年〜）は、現代カタルーニャ詩壇で最も有名で、最も多くの外国語に翻訳されている詩人である。ジンファレーは若くしていくつか、スペイン語で詩集を発表している。二十世紀最高の詩集の一つである『海が燃えている』（一九六六年）や、『ビバリー・ヒルズの死』（一九六八年）、『奇妙な果実』、そのほかの詩』（一九六九年）がそれである。ジンファレーは一九七〇年、以後はカタルーニャ語で詩作をすることを決意する。そして『鏡』（一九七〇年）、『夕暮れ時』（一九七二年）、『盲火』（一九七三年）、『不毛の空間』（一九七七年）、『烈風』、さらにはソネット集『光』（一九九二年）、『仮面舞踏会』（一九九六年）を発表するのである。また、フォシュを中心としたカタルーニャ文学論、パスなどに関するスペイン語文学論も著わしている。二冊の『日記』には、哲学的、美学的なあらゆる問題や、さまざまな人物、芸術家についての日常的な考察、また、ジンファレー流にデフォルメされたバルセロナなどが綴られている。ジンファレーには『フォルトゥニィ』（一九八三年）という小説もある。彼の教養はボルヘスのそれにも匹敵すると言えよう。音楽、映画、建築についての造詣の深さにも驚嘆すべきものがある。ジンファレーは、その創作活動を通じて、隠喩を重視し、豊富な語彙と行、節、段落といった枠を超えた幅広く自由なシンタックスを駆使した、まったく新しい文体を生みだしたといえる。ペラ・ジンファレーはスペインのバロック詩やムダルニズマ、アバンギャルドをよく研究している。彼の作品では、ことばの音を使った遊びそのものが、存在論的探求に決定的意味を持つ。まず疑念と孤独に襲われ、続いて宇宙の夜を前に、偉大な目くるめく光に包まれるようなことが起こるのである。

秋の光

なんと明るいのだろう！　それなのに空はもはや
不透明な海を洗いはしない。星よ、折れた矢よ！
光、まるで貫かれた切り株のように、
カラスたちの空に浮いている。さらに黒く、
さらに落ちぶれて、皮膚に赤い斑点を浮かべ、
合図を送ってくる森の上に。そして狩人は
ときには、歯茎にもっと染みる
秋を知っている。どうということもない。
狼の時間とカモシカの時間は同じなのだろうか？

（『暗い時間』、『平行詩集』収録）

さらに若い世代の詩人としては、アレック・スザンナ（一九五七年〜）とカルラス・ドゥアルテ（一九五九年〜）が抜きんでている。二人とも、それぞれ独自のスタイルで、神秘的でうつろいやすい輝きに到達する最も近い道を発見し、それをカタルーニャ語をつかって定着することに成功している。どちらも諸外国語と諸外国の文学に明るく、みずからの小さな祖国との対比のなかで、普遍的なものを表現することを追及している。ほかにも、ジャウマ・ポント（一九四七年〜）、ミケル・ダ・パロル（一九六三年〜）、ダビッド・ジョウ（一九五三年〜）、フェリシア・フステー、ゾライダ・ブルゴス、ビニェット・パニェリャ、マルタ・パサルドナなどがいる。バレンシアの詩壇では、ジュゼップ・ピエラ（一九四七年〜）の豊かで力強い作品を記憶にとどめておく必要がある。

この年代は、小説の収穫も多い。まずタレンシ・モシュ（一九四五年〜）はそのなかでも特異な地位を占めている。カタルーニャ語で書かれた初期の『不毛の岩を洗う波』、そして傑作『マリリンの死んだ日』（一九七〇年）を発表したのち、モシュはスペイン語とカタルーニャ語のあいだで揺れ動いている。逆説的で、突飛、ユーモア感覚にあふれたこの作家は、読者を驚かせ、読者にショックを与えることを好む。基本的にバルセロナを舞台とした彼の小説は、再評価されるべきである。

そのほか、スタイルはさまざまであるが、注目に値する作家が何人かいる。イザベル・クララ・シモー、『引き船道』という美しい作品を書いたジェズス・ムンカダ（一九八八〜二〇〇五年）〔邦訳：『引き船道』（田澤佳子／田澤耕訳）、現代企画室、一九九九年〕、『挫折した革命家に花を』（一九七三年）のウリオル・ピ・ダ・カバニャス（一九五〇年〜）、『ドメニコ・グアリニのための春』（一九四八年〜）を書いたカルマ・リエラ

(一九四八年〜)、『荒野の石』(一九九二年〜)のマリア・バルバル(一九四九年〜)、『まな板の上』(一九八六年〜)のマリア・ハエン(一九六二年〜)、『礎石』のセルジ・パミアス、『絹の足』(一九九三年)のマリア・マルセ・ロカなどである。とくにキム・ムンゾーは、『ウッフ、と彼は言った』(一九七〇年)、『ガソリン』(一九八三年)、『悲劇のマグニチュード』(一九九一年)、『マイアンス島』(一九九四年)などを発表していて、その実力にはゆるぎないものがある。乾いたユーモア、簡潔な文体を持つムンゾーは、近年で最も印象に残る作家の一人と言えよう。

若くして逝ったムンセラット・ロッチ(一九四六〜九二年)の存在も忘れるわけにはいかない。『洗濯物の山、少ししかない石鹼』(一九七一年)、『さらばロマナ!』(一九七二年)、『ナチ収容所のカタルーニャ人たち』(一九七七年)、『メロディアスな声』(一九八七年)などが代表作である。なかでも一九七七年に書かれた『サクランボの時』は最高傑作と言ってよい。この小説は、フランコ政権下ではあるが、少しずつ民主化が進み、カタルーニャでも新たな生活が可能になりつつある、そんな時期の、いまだ傷癒えぬバルセロナのブルジョワ階級を主人公にした作品である。

カタルーニャ語演劇は、現在最も創意工夫が要求されているジャンルかもしれない。演劇には確かに劇場が必要であり、カタルーニャにはルメア劇場や、ジュゼプ・マリア・フルタッツが、国立劇場に移る前に一九九五年以来率いていたプリオラマなどの施設がある。しかし、演劇はもはや、固定化された台本を使って、閉じた空間で上演されるものとは限らないのである。アルス・ジュグラース、アルス・クメディアンツなどの劇団の成功(とくに後者の場合は一九九二年のセビーリャ万国博覧会での成功)、あるいはフーラ・ダルス・バウス（一九八四年）の、そしていくつかのパントマイム・グループの成功は、「見世物」本来の身振り、演技を基本とし、そこに「ハプニング」の要素を加えるという形態の成果なのである。すでに重要な作品を発表している劇作家もいる。ジュゼップ・マリア・ブネット・イ・ジュルネット（一九四〇年～）は、一九六三年に『昔懐かしい臭い』でデビューした。ブネットはリアリズムから始めて、徐々に内面の奥底へと降りて行き、ついには神話に近いところに到達した。『すべてのすべて』（一九七一年）、『バグダッドの夢』（一九七六年）、『魔女の反乱』（一九七七年）、『ウェンディ失踪』（一九八五年）、『欲望』（一九八九年）、『つかのま』（一九九二年）などの作品がある。

J・ルイスとルドルフのシレラ兄弟はバレンシアを舞台に『フルランティ・ムンフォール賛歌』（一九七一年）など実にオリジナルな作品を書いている。ルドルフには『エンリック・リベラの死を悼んで』（一九七二年）という作品もある。

最も若い世代の劇作家としては、セルジ・バルベル（一九六三年～）がいる。まぶしいばかりの才気と才能に恵まれ、諧謔味にあふれるこのヨーロッパ的な作家は、劇作に演出にと果敢に挑んでいく。彼の作品中では、会話がしばしば、人間本来の孤独を嘆く叫びで中断される。『奈落とともに』（一九九〇年）では、二人の謎めいた人物の隠された欲望が描かれている。『エルザ・シュナイダー』と『愛撫』（一九九二年）は一九九三年、パリでも上演された。

カタルーニャ文学は、長い沈黙の時代を経てきたために、不安定さを払拭できずにおり、現実的な問題も少なくない。そんななかでも絶えず、過去の人びとに学び、いくつかの世界的な名作を生みだしているのである。

第六章　芸術的創造の実験室
――ロマネスク教会から二〇〇〇年代の都市計画まで

I　遠い起源

カタルーニャに初めて現われた人類は、はっきりと、しかも大量の痕跡を残しており、人類の最も早い時期の芸術表現もそこに認められるのではないかと考えられている。

ガリガス地方の「アル・コグル」洞窟には、赤と黒で動物（鹿、牛、レイヨウ……）や狩人たちを描いた驚くべき壁画がある。ほかにも裸の男を中心において複数の女が輪になって踊るさまも見られ、作家ジュゼップ・プラは、まるでカタルーニャの民族舞踊サルダナのようだ、と書いている。

新石器時代（紀元前五〇〇〇年）の土器や陶器、そしてイベリア産の宝石類が出土しており、カタルーニャ各地の博物館に展示されている。

紀元前三〇〇〇年になると、さまざまな様式の墓が見られるようになる。現在のカタルーニャの北部には、ドルメンや地下回廊が点在している。

紀元前一〇〇〇年頃の、ときに感嘆すべき規模の城壁が残っていることから、すでに集落が形成されていたことがわかる。バシュ・アンプルダー地方ウリャストレットのそれは、紀元前五世紀に遡るとされている。アルト・パナデス地方のウレルドゥラのイベロ・ロマノ族の城壁も有名だが、これは時代がもう少し新しい（紀元前三世紀）。

ギリシア植民の痕跡はアンプリアス（アンポリオン）に残っている。海辺に位置する、このかつてのネアポリスの存在は発掘によって明らかになったものである。重厚な扉、レンガの壁、そしてとくに家の基礎や糸杉が植わった通りを表わすはっきりとした線などを見ると、もとの町の様子を鮮やかに想像することができる。荘厳なアイスクラピウス〔ギリシアの医神〕の像、アフロディーテの頭像の二つが目をひく。バルセロナの考古学博物館にはギリシアの壺や宝石類が展示されている。

ローマの痕跡はいまだにカタルーニャ各地に残っている。前出のアンプリアスの上にも、紀元前三世紀から一世紀にかけて、はるかに広い範囲に建設されたローマ都市遺跡を認めることができる。広場、円形闘技場、体育場、小神殿、などのほか、大邸宅の床には素晴らしいモザイクが見られる。博物館には貴重な品がいくつか収められている。

タラゴナは、ローマ時代のカタルーニャでは重要な地位を占めていた。ラス・ファレラスの水道橋（長さ二一七メートル、高さ二七メートル）やバラーの門などが残されている。この二つの建造物は、トラヤヌス帝が当時の「タラコ」（タラゴナ）に作らせたものに間違いない。巨大な墓スキピオの塔や、ローマ人が美しい黄金色の石を切りだしたバラーの石切り場も忘れてはならない。全長一キロメートルに及ぶ城壁も印象的である。アウグストゥス宮と俗に呼ばれている「プラトリ」は、実は広場の回廊の一部にすぎない。円形闘技場の遺跡は、海のすぐそばにある。国立博物館には、多数の墓棺やモザイク、日用品、硬貨などが収められている。

バルセロナがローマ帝国の一部を成していたことは、その中心部で確認できる。まず、「カタルーニャ探索協会」の建物にアウグストゥス神殿（紀元前一世紀）の円柱が三本ある。また、バルセロナ市歴史博物館の地下では、ローマ時代のバルセロナの遺跡が見られる。

古くはアウソナと呼ばれていたビックの町には、二世紀の神像安置室が残っているローマ寺院がある。切妻壁のイオニア様式の柱とコリント様式の柱頭は二十世紀になって再建されたものである。

ムルトゥレイの「悪魔の橋」は、文句なく美しい。ほかにもカタルーニャ全土でさまざまなローマの痕跡を認めることができる。カルダス・ダ・マラベリャやカルダス・ダ・ムンブイの浴場、トッサ・ダ・マルの荘園、などである。おもな彫刻はバルセロナとタラゴナの博物館に集められている。ここには、皇帝たちの胸像や神々の像、レリーフ、石棺、モザイク、印章のある陶器などもある。「バダロナのビーナス」という通称で知られる像はバルセロナ博物館〔現在はバダロナ博物館所蔵〕にある。

初期キリスト教美術——四世紀にキリスト教会が勝利を収めたことは、芸術の流れに大きな変化をもたらした。信者たちは、墓地の上に教会を建設した。タラゴナの近郊、フランコリー川右岸にあるセンセリャスの霊廟は立方体をしている。その丸天井はかつて色鮮やかなモザイクで覆われていた。モザイクは一部、破損したか、盗まれたかしてしまっているが、それでもその美しさは息を呑むほどである。

狩の場面、聖書の登場人物、四季などがそこには描かれている。この霊廟はおそらく、エルネで三五〇年に暗殺されたコンスタンス一世（コンスタンティヌス帝の息子）のものであろう。

バルセロナには、初期キリスト教時代のバシリカ様式教会の跡も残っている。また、タラゴナの墓地遺跡には二〇〇〇の石棺が納められている。アンプリアスのバシリカ教会は単なる記念碑的なものであると思われる。

西ゴート美術——西ゴート時代の初期（だいたい六世紀頃まで）は、芸術的観点からは不毛な時代であった。その後、カトリックに改宗した西ゴート族は宗教的建造物の建設に励みだす。ソルバ村の円塔は興味深い。タラッサのエガラ村には他の地域を上回る数の歴史的建造物が集まっている。サン・ペラ教会、サンタ・マリア教会、サン・ミケル教会の三つの教会である。ここが聖域となったのは、四五〇年頃にバルセロナ司教区に属する司教座がここにあったからである。これらの教会にはローマ時代に作られた部分が含まれており、そのため折衷的な外観を呈している。サンタ・マリア教会（一一一二年に建立。身廊、交差廊、丸天井はローマ時代のもの）の前には、初期キリスト教時代のモザイクの敷石がある。その基礎の中心部は古いものである。後陣の外側は方形で、内部には馬蹄形のアーチがある。サン・ペーラ教会にはロマネスクの交差廊がある。サン・ミケル教会は古くは洗礼堂で、ギリシア十字を印した方形の敷地の上に建設されており、角には礼拝堂がある。その丸天井は八本の柱で支えられているのだが、柱頭、柱身の出所はさまざまである。洗礼用の水槽はこの丸天井の下に据えられている。後陣の下には聖サロニに捧げられた納骨堂がある。

ロマネスク前の美術――アラブの遺跡はカタルーニャにはほとんどない。ジローナの浴場遺跡、リェイダ、トゥルトザ、バラゲーの建造物跡ぐらいなものである。カロリング朝時代の再征服運動によってほとんど消失してしまったのである。ロマネスク前の美術は、とくに田舎に残っている（九世紀、十世紀）。十世紀中に建設された、モサラベ〔イスラム支配下でキリスト教信仰を守ったキリスト教徒〕様式の影響を受けたとされるいくつかの小さな教会である。これらの教会は単一身廊で、後陣にはボールト（丸天井）が載っている。身廊の木の骨組みは、十世紀末には石のボールトにとって替わられた。フランス〔フランス領北カタルーニャ〕のルシリョンにあるサン・ミケル・ダ・クシャー教会（九五七年）は優れてロマネスク的な建築物である。この生誕教会の中心の柱と交差廊の馬蹄形アーケードにそれがよく現われている。ロマネスク前の教会については、シャビエー・バラル・イ・アルテットの詳細な研究がある。それらの教会のうち、美しいもの、風景と調和しているものをいくつか紹介しよう。まず、リュブラガット川上流、ゴシック様式の橋を渡ったところにあるサン・キルザ教会、そして、グアディオラ・ダ・バジャスにあるサン・ペラ・ダ・ブルネット教会、アビアーのサン・ビセンス・ドゥビオルス教会、サン・ジュアン・ダ・バカイラ教会などである。ロザス湾を見おろす丘の上にある、ロマネスク様式のサン・ペラ・ダ・ロダ修道院には、いくつものロマネスク前の要素が見られる。ウルガニャー村の近くのサン・クリメン・ダ・コイ・ダ・ネグラ教会はとくに注目に値する。建物全体は十一世紀のロマネスク様式であるが、身廊にはロマネスク前の鐘楼が付属している。鐘楼の基部は長方形で、上へ行くほど細くなっている。その馬蹄形の窓はカタルーニャでも最も美しいものの一つである。

これらの教会の内部には、建物と同時代の彫刻やフレスコ画がある。サン・ミケル・ダ・クシャー教会やリポイのサン・バネット・ダ・バジャス教会に残っているロマネスク前の柱頭はかなりの数にのぼる。柱頭に見られる植物のモチーフはコルドバ〔ウマイヤ朝のイスラム〕芸術に強い影響を受けていることを示している。ただし、カタルーニャの彫刻家たちは、ウマイヤ朝芸術をコピーすることで満足せずに、アカンサスの葉の影に人の顔を付け加えるという新しい工夫をしている。タラッサにあるいくつかの教会のフレスコ画は、どれも重要なものばかりである。サンタ・マリア教会にはキリストの生涯が描かれている。サン・ミケル教会にはキリストと十二使徒の図、サン・ペラ教会にはキリストと使徒を代表する聖ペラの図がそれぞれある。サン・キルザ・ダ・パドレット教会のロマネスク前のフレスコ画はスルソナの教区博物館に収められている。これは黙示録をテーマにしたものである。

ジロナとセウ・ドゥルジェイのベアトゥス黙示録注解本は、その細密画の美しさで世界中の専門家に知られている。これらはカタルーニャで作られたものではないかもしれないが、十世紀以来カタルーニャに存在していることから、カタルーニャのロマネスク前の作品とするのが通例である。

ロマネスク美術——時代は、コルドバのカリフ国が崩壊し、国土再征服運動が本格化する頃であった。十一世紀以降、キリスト教美術に変革期が訪れ、とくにカタルーニャでは目覚しい変化が見られた。数千にのぼる教会（荒れ果てたものも、立派に保存されているものもある）が村々、あるいは野中に残っている。カタルーニャのフレスコ画は数の多さと美しさにおいて、西ヨーロッパでも群を抜いている。

カタルーニャ芸術の黎明期である十世紀には、イタリアの影響が強く見られた。殺風景な教会の壁を唯一飾るロンバルディア地方の装飾アーチがその例である。これらの教会は一般に、一つの身廊と三つの後陣を持っている。建材は荒削りで、石積みも荒っぽい。身廊は内陣と後陣の上部でボールト（丸天井）となる。鐘楼が教会に隣接する形でついている。鐘楼もロンバルディアの装飾アーチで飾られている。ロマネスク様式のおもな教会を挙げれば、威厳のある後陣を持つサン・ジャウマ・ダ・フロンタニャー教会（一〇七四年）、松とブドウの木のあいだに、稀に見る完成度で屹立するサン・ポンス・ダ・クルベラ教会（一〇五〇年）、専門書では典型的なロマネスク教会として取り上げられるサン・ビセンス・ダ・カルドナ教会、などである。このサン・ビセンス教会は一〇四〇年に建立されたもので、三つの身廊と三つの後陣、そして地下納骨堂を持つ。

その後、次第に円筒型ボールトが優勢になっていき、横断アーチや交差穹窿《きゆうりゆう》が使用されるようになったことによって、さらに大きく複雑な建物の建設が可能となった。交差廊やクーポル（丸天井）の導入も決定的な要素だった。こうしてカタルーニャで、第二期のロマネスク芸術が花開く。彫刻はすでに十一世紀に出現していた。たとえばサン・ミケル・ダ・フルビアー教会（一〇六六年）やサン・ペラ・ダ・ロダ修道院の素朴な柱頭である。この様式が頂点に達するのは、十二世紀になってからだった。リポイのサンタ・マリア教会の素晴らしいファサードをその代表として挙げることができる。ファサードは現在、ガラスで覆われているが、それでも残念なことに石の傷みがひどい。カタルーニャの内庭回廊には、驚くほど多様な柱頭が存在する。サン・クガット・ダ・バリェス教会の大きな内庭回廊は、動物や植物をモチーフとした柱頭で飾られている。観光ルートから離れて迂回せねば訪れられないサン・バネット・ダ・バジャス教会、稀有な繊細さを持つサンタ・マリア・ダスタニィ教会、サン・ペラ・ダ・バザルー教会（十三世紀）、アラス峠へ通じる道際の、目立って豪華なサン・ジュアン・ダ・ラス・アバデサス修道院、ジロナの大聖堂（黙示録の場面をかたどった柱頭がある）とサン・ペラ・ダガリィガンツ修道院（一一五四〜九〇年）の内庭回廊、サンタ・マリア・ダ・ビラバルトラン教会（一〇八〇〜一一〇〇年）などにも柱頭がある。セウ・ドゥルジェイの大聖堂は一級のロマネスク建築物の集合体である。大聖堂建築の指揮を最終的にとったのは、ラモン・リュンバルドという石工である。ここには、内庭回廊、隣接するサン・ミケル教会、以前にこの場所にあった三つの教会（一〇三〇年）の遺構が残っている。

ロマネスク彫刻のなかには数多くの聖母マリア像（スルソナの「内庭回廊の聖母」像はジラベルトゥスの作品である）や磔刑のキリスト像（たとえばアラン谷のサン・ミケル・ダ・ビエリャ教会のキリスト像）がある。また、キリスト降架像のなかで注目すべきものは、ビック教区博物館、バルセロナ美術館〔正しくはカタルーニャ美術館〕、サン・ジュアン・ダ・ラス・アバデサス修道院などにある。

ロマネスク絵画にも傑作は多い。サン・トマス・ダ・フルビアー教会の素晴らしい壁画のような例外はあるものの、ほとんどの絵画はこんにち、バルセロナ美術館に収められている。これらの絵はベイカイラ、パドレット、アステリ・ダネウなどの教会から集められているのだが、なかでも、カタルーニャ西部の、昔は外部からほとんど遮断されていたブイー谷の二つの小さな古い教会（十一世紀）サン・クリメン・ダ・タウイ教会とサンタ・マリア・ダ・タウイ教会から移されたフレスコ画は特筆に値する。かつてサン・クリメン教会の丸天井を飾っていた《全能のキリスト》は簡素ながら表現力にあふれている。一方、サンタ・マリア教会の《ダビデとゴリアテ》は驚くほどの存在感を示している。《天地創造》のタピストリー（十二世紀）はジロナ大聖堂の博物館にある。このタピストリーには荘厳のキリストを中心に、天地創造のさまざまな過程や占星術の星座が刺繡されている。とくに、日輪、風変わりな動物たち、飛び立つ鳥たちの図はみごとである。

十三世紀――通常、「後期ロマネスク」と称される、ロマネスクの最後の時期には、カタルーニャ南部、タラゴナとリェイダの中間辺りで、大変に美しい作品が生みだされた。これはこの地域がイスラムの支配から解放された頃のことである。この様式に最も強い影響を与えたのは、オジーブ・ボールト（丸天井の筋かい骨）を導入したシトー会修道士たちであった。次に取り上げる三つの修道院が、この様式の豊かな可能性を雄弁に物語っている。

まず一つ目のプブレット修道院は、広大で、しかもバランスのとれた優雅な建物が印象的である。教会部分は一一六六年、回廊は一二〇八年のものである。修道会の建物には、オジーブ・ボールトを使った総会室、横断アーチに覆われた共同寝室、二つの大きな広間、台所、そして食堂が含まれている。そのほかの城壁や王家の墳墓、助修士室などは十三世紀から十五世紀にかけて建てられたものである。

二つ目は、一一七四年から一二二五年にかけて建てられたサンタス・クレウス修道院である。ここの教会は、完璧なシトー会様式で作られている。ゴシックの回廊は十四世紀のものである。総会室、ワイン・食糧倉、四六メートルにおよぶ共同寝室は実に素晴らしい。修道院は、プブレットほど質朴ではない。さまざまなロマネスク以後の要素が付け加えられており、スグラフィート〔黒い下地に白く上塗りをして、これを掻き落として陰影をつける技法〕で覆われた建物、被昇天の門、サン・バルナット広場のバロック様式の噴水などは、地中海的な豊かな風景のなかに建つこの修道院に独特の魅力を与えている。

最後はバイボナ・ダ・ラス・モンジャス修道院である。ここには広大な教会と、ロマネスクとゴシックの中間的な様式の回廊がある。総会室は徹底的に装飾を排した造りになっている。博物館にはロマネスクの聖母像、さまざまな儀式用具、ゴシックの祭壇画が収められている。

ほかにもいくつか触れておいたほうが良い、十三世紀的特徴を持つ建造物がいくつかある。まずムンサントの山地にあるスカラ・デイ・シャルトル修道院。ネオ・クラシック様式ではあるが、入り口の門は、周辺の雰囲気と相俟って神秘的な魅力を醸しだしている。また、テンプル修道騎士団が使っていた建物がいくつかある。ミラベット、ガルデニィそしてとくにウイダコナの城塞修道院はロマネスクの教会と塔を持っている。建築開始時にはロマネスク様式であったが、のちにゴシック様式によって完成された大聖堂もある。タラゴナのサンタ・マリア大聖堂は一一七一年頃に建設が始まり、聖別されたのは一三三一年である。当初は身廊が五本になるはずだったが、三本に変更された。回廊に通じる美しい門、後陣、ファサードの側門などが見所である。リェイダの大聖堂は一二〇三年から七八年にかけて作られた。その名付け子の門と受胎告知の門は、洗練された技術の証である。十三世紀の非宗教建築物もいくつかの町に残っている。たとえばバザルーの、フルビアー川にかかった橋、病院、浴場などである。しかし、一般に、もとの建造物はひどく損傷している。

ゴシック美術：カタルーニャ様式の大聖堂の時代――ヨーロッパ全土でもてはやされていたゴシック

建築は、カタルーニャでは、托鉢修道会の影響のもとに発達した。場所としては、のちに経済、政治、宗教、そして文化の中心となる都市に集中していた。フランシスコ会とドミニコ会は簡素な建築様式を旨としていたが、十四世紀頃には、少しずつ繊細な装飾が、当初の厳格なデザインに付け加えられるようになっていった。カタルーニャ・ゴシックの、過度の装飾よりも簡素さを好むという一貫した特徴は、まさにこの過程で形成されたのである。カタルーニャの大聖堂には北フランスの教会（三身廊、周歩廊式後陣、放射状祭室を持つ教会）の影響が顕著であるが、トゥルーズやモンペリエといった南フランスの影響も見られる。カタルーニャのゴシックは、一時期領土であったサルジニアやナポリを含む全地域で比較的統一された特徴を持っている。すなわち、控え壁と、ほとんど平らなボールトを多用し、ときとして単身廊を好むのである。

まず挙げねばならないのはバルセロナの、富裕商人たちが暮らしていた海辺の地区にあるサンタ・マリア・ダル・マル教会である。この教会は一三二九年から一三九〇年にかけて建設された。控え壁が三つの身廊を持つ建物を支えている。例外的なほど高い天井と細い八角の柱がよく調和している。側面には数多くの小聖堂がある。大きな薔薇窓から豊かな光が差し込み、崇高な雰囲気を醸しだす。バルセロナ大聖堂の礎石は一二九八年に置かれたのだが、なかにはロマネスク様式の小聖堂（サンタ・ルシア小聖堂、一二五七年）もある。大聖堂の建設は、十四世紀から十五世紀にかけて、何段階かに分けて行なわれた。三つの身廊は一四一七年に作られたものである。内陣と聖歌隊席は荘厳である。内庭回廊（一三五〇〜一四四八年）には噴水があり、木が植わり、ガチョウがいる。バルセロナの起源伝説を思い起こさせるこの回廊は、バルセロナ市民の生活の中心の一つとなっている。宝物庫には、貴重な品々が納められている。ファサードと鐘楼は一八八五年から一九一五年にかけて新たに建造されたものである。

ジロナは芸術的観点から見て非常に豊かな町であるが、その大聖堂はとくにじっくりと訪問するだけの値打ちがある。この大聖堂は、最初は三つの身廊を持つ予定であったと思われる。その後計画が変更され、広大な一身廊式となった（一三五七年、一三八六年、一四一七年）。ロマネスク様式の内庭回廊と同じくロマネスクのサン・ペラ小聖堂を訪れたあとに、ファサード（一六八〇年、一七三〇年、一七四〇年、一九六一年）と十七世紀に作られた堂々たる階段（一六九〇〜九四年）を鑑賞するとよい。

そのほかゴシックの大聖堂には、バルセロナのサン・ジュスト・イ・パストー教会、マンレザのサンタ・マリア参事会教会、マリョルカ大聖堂、トゥルトザ大聖堂などがある。

カタルーニャには、ゴシックの世俗建築も数多くある。これらは大部分都市部に集中しており、田舎には少ない。まず、挙げねばならないのは、バルセロナのジャナラリタット〔カタルーニャ政庁〕宮である。ここには、ペラ・ジュアンの手になる有名なサン・ジョルディ像があるファサード、一四二五年に作られた階段、サン・ジョルディの小聖堂などがある。次は、同宮と向き合って建っている市庁舎である。ここでは側面のファサード、そして百人会議場（一三七三年）が必見である。歴代のバルセロナ伯爵の宮殿には、「ティネイ」〔宴会場〕と呼ばれる広間がある。この広間を設計したギリェム・カルブネイは長方形の広間を六本の横断アーチで区切って支えるようにした。マリョルカのベイベー城も堅実かつ優美な建築物である。

このほかの世俗建築物の傑作としては、現在は海洋博物館になっているバルセロナの造船所「ドラサナス」、かつてさまざまな商取引が行なわれた取引所「リョッジャ」、サンタ・クレウ病院（一四〇一年）、バルセロナのモンカダ街の屋敷群、ビックの領主たちの館、などがある。軍事的な建造物は、市壁や修道院の城壁の補強になるように、壁に接触して建てられている。前者の例としてはトッサ・ダ・マル、モンブラン、後者の例としてはプブレット修道院やサンタス・クレウス修道院が挙げられる。

ゴシックの彫刻は主として墓石（ジロナ）や祭壇（ビック、タラゴナ）に残っている。十五世紀にはペラ・ジュアン（一三九八〜一四五八年）という偉大な彫刻家が出ている。ただ、カタルーニャのゴシックが真に注目に値する作品を生みだしたのは絵画の分野であった。なかでも、ファレー・バッサとラモン・ダストゥレンツの二人が傑出している。彼らに続くのがサンタ・クララ教会（ビック）の祭壇画を制作したリュイス・ブラサー（ジロナ、一三六〇年）であるブラサーはカタルーニャの絵画を国際的に知らしめる働きをした。バルセロナに外国人の芸術家たちがいたということは、開放的であると同時に深みと独創性を持つカタルーニャ・ゴシックのレベルの高さの証である。バルナット・マルトゥレイは、バルセロナ大聖堂で見ることができる荘厳な《御変容の図》（一四四九年）の作者である。十四世紀中頃にカタルーニャで作られた祈禱書やミサ典書や写本は世界各地の図書館や文書館に収められている。

一四三〇年から四〇年頃、カタルーニャではフランドルの影響が見られるようになる。リュイス・ダルマウ（一四四五年）の《聖母と助言者たち》はその好例である。十五世紀末最大の画家はジャウマ・ウゲット（一四四八〜九二年）である。彼の芸術的教養はフランドルやイタリアの芸術と触れることによって鍛えられた。ただし、彼は根本的には、あくまでカタルーニャの伝統に忠実であった。タラッサの祭壇画は、カタルーニャの農業の守護聖人聖アブドンと聖セナンに捧げられたもので、一四六〇年の作品である。しかしなんといっても彼の作品で最も有名なのは騎士の甲冑をまとったカタルーニャの守護聖人サン・ジョルディを描いたものである。金色の光輪を背にし、赤い帽子をかぶった聖人の美しい顔には憂いと明らかな決意が表われている。

聖体顕示台、聖杯、十字架など、カタルーニャ・ゴシックには豊かな金銀細工物もある。それらは、バルセロナやビックの大聖堂の宝物庫に陳列されている。十四世紀はステンドグラス製作にとっても重要な時期であった。主としてバルセロナやジロナの大聖堂、パドゥラルバス修道院などでその成果を見ることができる。

十六世紀から十九世紀なかば（一五〇〇～一八五〇年頃）のカタルーニャ美術――カタルーニャのルネサンス「ラナシャメン」

は、美術という観点からすると、かなり貧弱である。文学同様に、低調の原因となる環境があったからである。具体的には、ゴシックの影響が色濃く残る様式であった。代表的建築物としては、わずかにカール五世〔神聖ローマ帝国皇帝、スペイン国王としてはカルロス一世〕が若いモリスコ〔キリスト教に改宗したモーロ人〕の教育のために建てさせた「レイアル・クレジ」〔王立学校〕、バルセロナ大聖堂の向いの助祭館〔中庭と階段が残っている〕、一五五七年以来長期間にわたってアラゴン王国文書館として使われていた「代官の館」、ジャナラリタット宮の正面ファサード、カタルーニャ南部モンサントのサンタ・マリア・ダ・クルヌデリャ教会（一六一五年）、フロレジャックスのいくつかの城、などを挙げることができる程度である。

彫刻には、外国人芸術家の作品が多い。そのなかで、バレンシア出身のダミアー・フルメントはプブレットの主祭壇を残している（一五二七〜二九年）。純粋なカタルーニャ絵画といえる作品はどれも凡庸である。むしろ外国人の画家が「国際様式」とも言うべき作品を生みだした。ドイツ人アニュ・ブリュのサン・ククファットの祭壇画（製作契約は一五〇二年）もその一つである。この絵はサン・ククガットの主祭壇に納められたが、現在はバルセロナ美術館にある。

バロック美術――真の意味で、カタルーニャにバロック美術が誕生したといえるのは十七世紀末のことである。といってもオーストリアやスペインのバロックのような輝きを放ったわけではない。カタルーニャの芸術家たちは、むしろ、特定の分野に限定してバロックを取り入れようとしたのである。

バルセロナにはたくさんのバロック建築が残っている。まず、サンタ・マリア・ダ・バトレム教会のファサードでは、丸彫りの像（一六九〇年）とそれを囲むサロモニック様式の四本の柱を見ることができる。教会の完成は一七二三年である。このほか、教会では、サン・サベー教会（一六九九〜一七〇五年）、バルセロネタ地区のサン・ミケル・ダル・ポルト教会（一七五三〜五五年）がある。一方、十八世紀には美しい館がいくつも建てられた。館はたいてい多彩色のスグラフィートで飾られていた。カタルーニャのバロックの大祭壇は、豊かな金箔で装飾されている。その作者たちは、トラムラス、ムラトー、コスタ、プジョルといった彫刻家の家系の出身であった。これらの祭壇はカダケス、アレニィ・ダ・マル、サンタス・クレウスなどの教会で見ることができる。

十七、八世紀のカタルーニャの大聖堂の主要なものは、いずれもみごとなファサードとバロックの小祭壇を備えている。ジロナ、トゥルトザの大聖堂、素晴らしい正面ファサードを持つモンブランの大聖堂、サン・サロニの大聖堂、ビックのサンタ・タラザ修道院、オリス、ロダ・ダ・テルの教会などがその例である。

十八世紀末に遅れて生みだされたバロックの作品もある。カルダス・ダ・ムンブイ教会（一七〇一年）の正面ファサード、バルセロナのマルセー教会、サン・ジュアン・ダ・ラス・アバデサスの聖像安置室、グレバ教会（一七六三年）などである。数多くのバロックの彫刻や祭壇が内戦中に破壊された。

スペインがブルボン王朝になって以降、フランス美術の影響が強くなったが、これといって傑作は生まれていない。一八六六年に取り壊されたバルセロナの「シウタデリャ」（要塞）は現在、同名の美しい公園になっている。サルベラ大学の建物はもともと、フランス風のデザインとなるはずだったのが、結局バロックとロココが融合した独特のカタルーニャ様式の実験場と化した。（一七一八〜六二年）バルセロナのランブラス通りの「副王夫人の館」（一七七二年）は窓とバルコニー付きの威厳のあるファサードを持っている。

イタリア陶器の影響は、十七世紀に顕著となる。とくにカタルーニャでは、壁面を芸術的に装飾することが盛んであった。たとえば「ラジョラス」と呼ばれるタイルが、リュレンス・パッソラス作のカタルーニャ図書館や、サン・パウ通りの学術の殿堂、カタルーニャ学術院の玄関の壁を飾っている。「ラジョラス・ドゥフィシ」（工芸タイル）はとくに黄色と青が美しい（十八世紀）。

十八世紀には、トラムラス兄弟の出現によって版画が一つの頂点を極めた。金銀細工では、多くの聖遺物箱が作られた。たとえば、セウ・ドゥルジェイの聖アルマンガルの遺物箱はペラ・リュパールの作品である（一七五四年）。このほか、十字架や燭台なども製作された。絵画で重要なのは、アントニ・ビラドゥマット（一六七八〜一七五五年）ぐらいである。彼の圧倒されるような大きさの作品は、聖人たちやキリストの生涯を描いたもので、基本的に宗教画である。

ネオ・クラシック美術――一七五〇年以降、カタルーニャではヨーロッパのネオ・クラシック美術の影響が強く見られるようになる。つまり、古典時代への回帰に近代性をいくらか加味した様式である。たとえば、リェイダのセウ・ノバ（新大聖堂）（一七六四〜八四年）は質素でバランスのとれたファサードを持っている。バルセロナのリョッジャ（取引所）のファサードにはコロナード（列柱）と三角形のペディメント（切妻）がある。モジャ館（一七七四〜九〇年）、マルク館（一八〇七〜一八年）など、このような様式を踏襲している館は多い。ネオ・クラシック様式は、荘厳さと装飾性を増しながら徐々にカタルーニャ全土に広がっていく。庭と迷路が有名なアルファファラス侯爵の館（バルセロナのオルタ地区）を真似た館がバルセロナやそのほかのカタルーニャで盛んに建てられた。

バルセロナのフランス駅近くにあるシフレー館（一八六三年）は柱廊つき館の典型的な例である。最近修復された、有名なレイアル広場（一八四八年）は下部に優雅な回廊と上部にバルコニーを持つ四階建ての古典的な建物で囲まれている。夜な夜な国際色豊かな人びとが集うこの広場には、ガウディの街灯やヤシの木があるが、それらはけっしてこの広場の魅力を減じてはいない。

十九世紀の建築は、ネオ・クラシックからロマン主義へと移行する。一八三〇年から三五年にかけての時期には多くの宗教建築物が破壊された。市壁も一八五四年に取り壊された。オリエンタリズムが流行しはじめ、世紀の中頃には多くのスペイン・イスラム風の建物が建てられた。アリアス・ルジェンはバルセロナ大学（一八六三〜七四年）を設計した。彼は鍛鉄細工を図書館の装飾に用いた。ジュアン・マルトゥレイはネオ・ゴシックともいうべきビオレ・ル・ドゥックのスタイルを踏襲した。サリアー地区のイエズス会修道院がその例である。

十九世紀のカタルーニャでは、四大都市のみならずそれ以外の中都市でもかなりの建築ブームが見られた。バルセロナの再開発が始まったのは一八六〇年頃である。イルダフォンス・サルダーの都市計画により市は碁盤の目のように区切られ、縦横に広い通りが走ることとなった。こうして上空から見てはっきりそれとわかるアシャンプラ（拡張地区）〔もとの市壁内の旧市街に対して、その外側に作られた新市街をこう呼ぶ〕が誕生したのである。シウタデリャ公園（一八七三〜八一年）、ボルン市場（一八七四〜七六年）、科学アカデミー（一八八三年）などで、建築家や技師たちの独創性が発揮された。

タラゴナ、レウス、リェイダ、ジロナでも、劇場、セミナリオ、広場、市場、大通り、回廊など、重要な修復や再開発が行なわれた。

十九世紀のカタルーニャ絵画の大家といえば、マリアー・フルトゥニィ（一八三八〜七四年）ぐらいである。フルトゥニィはバルセロナで絵を学び、ローマで修行した。その後、モロッコを旅行し、再びイタリアに戻り、そこで大成功を収めた。得意としたのは真に迫る歴史画である（代表作《テトゥアンの戦い》）。

豊かな色彩（たとえば《ラ・ビカリア》の青）、生きいきとした動きが特徴だが、人物の細かい表情の描写がおろそかにされているわけではけっしてない。

II　二十世紀のカタルーニャ美術

二十世紀には、カタルーニャ美術がさまざまな分野でみごとに花開いた。

ムダルニズマ（近代主義）――一八八八年の国際博覧会（正しくは万国博覧会）は、バルセロナにとって重要な契機であった。というのも、流行が終わりかけていたネオ・クラシック様式とは大変異なるスタイルを建築家たちがそこで展開したからである。一九〇〇年代に入ると、英国のモダン・スタイルやパリ、ブリュッセル、ベルリンなどで当時盛んになっていた潮流に呼応して、カタルーニャのあらゆる芸術分野で、コスモポリタン主義が見られるようになった。注目すべきは、カタルーニャが生んだ天才アントニ・ガウディ（一八五二～一九二六年）である。自分が機械文明の最中《さなか》に生きているという意識をはっきりと持っていたガウディは、あらゆる建築形式を革新した。彼の色彩感覚、とりわけ素材の選び方の大胆さには目を見張らされる。彼は、場所に応じて、当時としては予想外な（それゆえ、必ずしも理解されたとは限らない）手法を用いた。時系列的にいえば、ガウディはまず個人の住宅から建築家としてのキャリアを始めている。グエイ邸（一八八五～八九年）は、鍛鉄細工の二枚の巨大な門扉を持つファサードが印象的である。ビセンス邸（一八八三〜八八年）は、イスラム風の住宅で、建築と饒舌な彫刻が完璧に融け合っている。グエイ工業団地（サンタ・クロマ・ダ・サルバリョ）の教会は、基本的に放物線を使って設計され、傾斜地に建てられた地下教会である。一九〇〇年には、ガウディは建築と自然の完全な調和を目指し、公園都市の設計をする。しかし友人であり施主でもあったアウゼビ・グエイの死によって計画は完成を見ることはなかった。これがこんにちのグエイ公園（一九〇四〜一四年）であり、バルセロナの魅力の一つとなっている。ここでは、多彩色のねじれた塔を持つ門番小屋、噴水の上にまたがったモザイクの竜、八六本の柱で支えられた「ギリシア劇場」、色鮮やかな曲線を描く、人間が考えうる限りで最も美しいベンチ（ジュゼップ・マリア・ジュジョルの協力を得て作られた）、逆さにしたヤシの木のような斜めの柱が支える赤茶色の回廊などを見ることができる。その素材活用法、正確な建築技術は、空間の完全支配という理想に接近しているように思われる。

バルセロナには、このほか、威厳のある階段を持つカルベット邸（一八九八〜一九〇〇年）、魅惑的な内装と青い陶器張りのファサードで名高いグラシア通りのバッリョ邸（一九〇四〜七年）、その近くの、モンセラットの山々を連想せる波打つファサードのミラ邸（一九〇五〜一〇年）（パドゥレラ「石切り場」とあだ名されている）などのガウディの作品がある。ミラ邸は当時、称賛ばかりでなく、揶揄、酷評にもさらされた。この建物が、想像を絶する構造の近代性（この建物は柱とビームで支えられている）と、飽くなき創造性の追及（鍛鉄のバルコニー飾り、階段、ファンタジックな屋上の煙突など）の賜物であることの証左であろう。

しかし、なんといってもガウディ最大の傑作はサグラダ・ファミリア教会である。この贖罪教会は一八八二年にビリャーが建設を始めたものだが、一八八三年にガウディが引き継いでからは、最終的には一八本の塔（最高一七〇メートル）を有する予定のこの巨大な建造物が彼の人生の重要な部分を占めることとなった。すぐれた技術と神秘的な啓示の融合物であるこの教会が可能となったのは、幻視者であったとも言われるガウディが、正確な計算能力も持っていたからである。一九五二年以来、未完成のままとなっていた教会は、散々議論された末、再開された。一九八六年、正面の受難の門の製作継続を任されたのは彫刻家ジュゼップ・マリア・スビラックであった。

ガウディと同時代の、そのほかのカタルーニャ人建築家たちも注目に値する作品を残している。ジュゼップ・プッチ・イ・カダファルク（一八六七～一九五七年）のアマッリェー邸（一九〇〇年）、尖塔の館（一九〇三～五年）、セラ邸（一九〇三～七年）、ドゥメナク・イ・ムンタネー（一八五〇～一九二三年）のカタルーニャ音楽堂（一九〇五～八年）などである。カタルーニャ音楽堂の内部には、多様な素材を用いて、寓話に取材した幻想的なデザインが施してあり、それがガラスの名工アントニ・リガルトの丸天井と相俟って、目がくらむような効果を生みだしている。

この時代の絵画を代表するのはサンティアゴ・ルシニョル（一八六一～一九三一年）である。彼はスペイン各地を巡ったり、パリを訪れたりすることによって、さまざまな文化潮流に触れた。また、ルシニョルは、親友のカザスやヌネイ、ミケル・ウトリリョとともにカフェ「四匹の猫」を開いた（一八九七年）。このカフェはカタルーニャの芸術家たちのメッカとなった。一九〇〇年、ピカソが初めての展覧会をしたのもここである。ピカソはマラガに生まれたが、若い頃（一八九五年）にバルセロナに移ってきて、ムダルニズマの芸術家たちと盛んに交流した。バルセロナのピカソ美術館には、ピカソの初期の絵画（一八九六年、一八九七年）、《カナルス夫人の肖像》、一九一七年作の《アルルカン》、そしてとくに、後年描かれたラス・メニナス・シリーズ〔ベラスケスの《ラス・メニナス》をデフォルメしたシリーズ〕が収められている。一九〇七年に描かれた有名な《アビニョンの娘たち》（ニューヨーク近代美術館所蔵）は、バルセロナのアビニョン街にあった娼家が舞台であると言われている。

彫刻家ジュゼップ・リィモナ（一八六四〜一九三四年）は調和の取れた、このうえなく優雅な人体像を残している。《絶望》（一九〇七年）は、くっきりとした線で表現された完璧な美しさのなかに、モデルの女性の絶望感が漂う作品である。

ムダルニズマが終わる間際、ノウサンティズマが始まる直前に、カタルーニャでは実に多様で創造性豊かな芸術活動が行なわれていたことを指摘しておかねばならない。この頃の絵画や彫刻のなかには、いかなる派にも属さぬものがあるのである。これらは外国の芸術家に強い影響を受けてはいるが、そこには相変わらず根強いカタルーニャ性が感じられる。イジドラ・ヌネイ（一八七三〜一九一一年）は、群衆、雑踏、監獄、見世物などを鋭い目で観察し絵画に表現した大家である。ジュゼップ・マリア・セール（一八七四〜一九四五年）はビックの大聖堂とバルセロナ市庁舎に巨大な壁画（とくにキリストの降架の図は印象的である）を残した。

ノウサンティズマ（一九〇〇年主義）——一九一〇年頃には、カタルーニャの芸術家たちは再び均整のとれた簡潔な表現を好むようになる。大規模な彫刻がいくつも作られたが、そのなかで最もよく知られているのはA・マイヨール（一八六一〜一九四四年）の作品である。現在、パリにはマイヨールの美術館がある。ジュゼップ・クララーは「若さ」という素晴らしく豊満な裸体像を残している。苦しみと欲望を叩きつけるようにして作られたマノロ（一八七二〜一九四五年）の作品は、あまりの力強さに粘土が生命を得たかのような印象さえ受ける。パウ・ガルガリョ（一八八一〜一九三四年）は鍛鉄細工の名工である。彼の《大道化師》（一九三一年）はいまにも踊りだしそうである。中身の詰まった鉄の部分は筋肉を感じさせ、透かし彫りになった部分が音楽の響きを表現している。

ノウサンティズマの建築家たち（ラファエル・マゾー、フランセスク・フルゲラ……）は、バルセロナに、「ペラ・ビラー学校」、一九二九年の万国博覧会〔正しくは「国際」博覧会。前出の一八八八年の博覧会が「万国博覧会」〕のパビリオン、「コリセウム映画館」（一九二九年）などを建設した。これらの作品は、合理主義、機能主義に徐々に近づいていっている。カタルーニャでは、ル・コルビュジエの影響が大変強かったのである。人びとは次第に都市計画に関心を抱くようになり、建築家たちもやがて日常的な生活の場に注目するようになる。ジュゼップ・リュイス・セールは「カタルーニャ現代建築推進協会」（一九二八年）を結成する。「中央結核診療所」、「ブロック邸」（一九三二〜三六年）、アスポナ邸（一九三四〜三五年）などは、この協会に属する建築家の作品である。彼らはまた、アシャンプラ地区の改革を提唱し、「マシアー計画」を策定する。この運動を主導していたのはJ・トラス・イ・クラベー、ドゥラン・イ・レイナルス、S・イリェスカスらである。

スペイン内戦（一九三六〜三九年）――内戦の勃発後、おもだった芸術家はほとんどカタルーニャをあとにし、その多くはパリや南仏セレに落ち着いた。フランコ時代の美術は一般に格式を重んじる様式であった。一九四七年から四八年にかけて、ようやくカタルーニャでも芸術活動が再開されるようになった。これに先立ち、一九二七年から三〇年にかけて、変幻自在な二人の芸術家が注目を集めはじめ、一九六〇年から八〇年頃にその名声は頂点に達した。片方の名声には誰一人異を唱える者はなかったが、もう一方の芸術家については毀誉褒貶相なかばした。その二人とはジュアン・ミロとサルバドール・ダリである。

ジュアン・ミロ（一八九三年〜一九八三年）――大家ミロの生涯はほぼ一世紀に及ぶ。早くからデッサンに励み、画家としての才能にも恵まれていたが、父親の反対のためになかなか画業に専念することができなかった。しかし、重病を患い、のちにみずから聖地と見なすようになるムンロッチ村で静養し、健康を取り戻したことが転機となった。この村の生き物や雑多な物を、ミロはカタルーニャの大地の色である茶と緑を使って細かく描きだしている。J・デュパンはこれをミロの「細密画時代」と呼んでいる。一九二〇年、二一年、二三年、と頻繁にパリを訪れているうちにミロはシュルレアリズムと出会い（一九二四年）、これに熱中する。一九二三年から二四年にかけて、彼の夢と具体物に同時にこだわる姿勢が顕著となる。カンバスは鳥と星に埋め尽くされた。一九三七年、ミロはパリに落ち着く。内戦、そして一九四〇年にマリョルカ島にこもったことが契機となり、彼は歓喜の表現――《星座》という題のグアッシュ画――へ決定的な一歩を踏みだすことになる。

一九四四年、ミロは本格的に画業を再開した。その、青い画面に点や、動いているような図形を散らした絵画は、まるで宇宙全体を表わしているかのようである。

ジュゼプ・リュイス・セールが設計したムンジュイックの丘の「ミロ財団」美術館には、絵画、彫刻、舞台装飾、操り人形、タピストリーなど晩年の作品が集められている。

ミロの代表的な絵画には、《自画像》(一九一九年)、《ムンロッチ、教会と村》(一九一九年)、《農場》(一九二一~二二年)、《大裸立像》(一九二九年)、《昆虫の会話》(一九二四~二五年)、《月に吠える犬》(一九二六年)、《カタツムリ、女、星》(一九三四年)、《赤い太陽》(一九四八年)、《手礼賛》(一九七五年) などがある。

サルバドー・ダリ (一九〇四~八九年)——カタルーニャ北部のフィゲラスに生まれたダリは、生涯を通じてマスコミ的な人物だったと言える。その大袈裟な身振り、扮装、フランコ政権に対する態度、拝金主義、などにもかかわらず彼が、シュルレアリズムの天才的クリエーターであったことは否定のしようがない。ダリはあらゆる絵画に接し、それを真似、そして変形した。無意識の世界を「パラノイア的、批判的」手法で探ることを推奨し、ときには妄言を弄した。実体のある対象物から一挙に、無限の地平線へと広がるパースペクティブを創造する術を知っていた。ダリが海岸の村カダケスとポール・リィガットで目にしていた日常的な風景が、大作の目くるめく背景となるのだった。「セニィ」〔カタルーニャ人独特の冷静さ〕が彼の作品のなかでは崩れ、「ラウシャ」〔無分別〕に取って代わられる。狂気の種子としての「ラウシャ」が、「セニィ」と表裏一体を成すという、カタルーニャの国民性がそこには表現されているのである。幻視家ダリは恐怖と不安を悪夢のように変形させて表現する。とくに、無人の砂漠のイメージは、孤独に支配される人間を表わしているのである。皮を剝いだ鮭の血、インクの染みのなかの爆発——としばしば素材が炸裂するような表現もあるが、一方で、伴侶ガラの体の上に描かれた鏡にのなかに、彼が生まれ、そして死んだ故郷カタルーニャの象徴である浜辺や海が顔を覗かすこともある。彼の作風がアカデミズムだとして非難されることがあるが、それはむしろ、永遠に到達できない真実を捉えるための必死の試みなのである。

現代の美術——一九四八年、ムデスト・クシャとJ・J・タラッツ（一九一八年〜）、そしてアントニ・タピアスが「ダウ・アル・セット」〔サイコロの七の目〕を結成する。この三人の画家はやがて、国内外で高い評価を受けることになる。彼らに共通しているのは、絵画的能力に加え、鋭い知性を持っているということである。ほかにも、アントニ・クラベー、シャビエー・バイス、アルベール・ラフォルス、アントニ・グアンセー、ガルシア・ポンス、A・タウレー、ジュアン・イイ、ペラ・パジェス、グラウ・ガリガ、ミケル・バルサローなどすぐれた画家の名を挙げることができるが、アントニ・タピアス（一九二三年〜）の名は特段の注目に値する。なぜなら、彼は、いまや世界的水準を持つに至ったカタルーニャ美術の代表的存在だからである。タピアスは抽象画から出発した。彼が非常に革新的だったのは、いままで誰も使わなかったようなさまざまな物体を用いて、その質感や密度によって、感覚の精神性を探求し、真の美を表現することにみごとな成功を収めたところである。タピアスはコラージュを用いたり、図形や物体の影を描いたりする。その厳格かつ難解な芸術は、死と無についての瞑想である。流行や名声と対決していささかも譲ることはない。タピアスはあくまでも人間であるということにこだわりつづける。

現代の世界を注視し、中国美術にも、壁に書きなぐられたひどい落書きにも同様に反応する。落書きが基本的に、集団的苦悩の一表現であることを知っているからである。タピアスの灰色、黒、そして茶色には驚くべき厳しさがある。タピアスには著作もある。『反美学的芸術』(一九七八年)、『実践としての芸術』(一九七四年〔邦訳、水声社刊〕)、『芸術としての現実』(一九八九年)などである。

カタルーニャの彫刻にも何人か名前を挙げておかねばならない作家がいる。アペラス・ファノザ(一八九九～一九八八年)は、内戦前にカタルーニャで活動を始めたが、のちにパリに移ってそこで生涯を終えた。オラドゥールの第二次大戦戦災記念館の彫刻は彼の作品である。また彼には《嵐を追う好天》という寓話的連作がある。彫像の動き、翼の広がり、女性像の優美さ、いずれをとっても素晴らしい。生きることへの情熱を表現し、無生物に息吹を吹き込む能力には驚くべきものがある。J・M・スビラックスはタピアス同様、絶えず物の原点に立ち返る能力を持つ芸術家である。彼の彫像は、素材のなかにドラマチックな命が息づき、圧倒的な存在感と質感で、肉体の苦しみと力強さを表現している。

カタルーニャ美術で、世界的に最もよく知られている分野は建築であろう。誰をその第一人者とするかについては議論のあるところだが、いずれにせよ、豊かな伝統にも支えられ、一九六〇年代以降のカタルーニャの建築が高い評価を受けていることには疑いの余地はない。まず名を挙げるとすればウリオル・ブイガスであろう。ブイガスは建築理論家であり、また都市計画の専門家でもあった。ウリオル・ブイガスはジュゼップ・マルトゥレイと、一九六一年、グループを組み、翌年、さらにデビット・マッケイを加えてMBM(三人の頭文字)を結成した。彼らは革新者として、人びとの福祉と幸福を目指し、多くの低家賃住宅を手掛けた（一九七四〜八八年）。

一九八五年頃になると、バルセロネタ地区とサリアー地区に新たな建物が建てられはじめる。設計責任者たちは、公園や緑地を大きくとり、彫刻類をそこに設置した。ジュアン・ミロ公園（アスクルシャドー〔屠殺場〕公園ともいう）は屠殺場後に造られた。ここの池の端には、ミロの有名な彫刻《女と鳥》（高さ二二メートル）がある。サンツ駅近くの「カタルーニャ諸国広場」（A・ビアプラナとH・ピニョンの作品）はファンタジーと創造性あふれるユニークな広場である。バルセロナの北部にある「クラウエタ・ダ・コイ公園」では、チリーダの巨大な彫刻が池の上に吊り下げられて、影を水面に落としている。オルタ地区のバルセロナ競輪場はE・ブネイとF・リウスの作である。テトゥアン広場の改修を行なったのはA・アリオラである。一九九二年のバルセロナ・オリンピックの選手村とスタジアムは、フェデリコ・コレアらカタルーニャの主だった建築家たちが担当した。

もう一人、世界的に名を知られている建築家としてリカール・ブフィイがいる。大胆なクリエーターであるブフィイは、古典回帰を機軸にした、厳格かつ調和のとれたデザインを特徴とし、彼が手掛けた建物や都市計画は世界各地で見ることができる。（フランス国内では、モンペリエ、セルジィ、マルヌ・ラ・バレー）。バルセロナの新空港（一九八九年）や、グロリアス広場近くの国立劇場も彼の作品である。

音楽に関しては、カタルーニャは先進地域であったと言える。リポイは、中世音楽の一大中心地だった。宮廷音楽は、とくに十四世紀、十五世紀にバルセロナで大変盛んになった。また、ムンセラット「赤本」として知られる宗教音楽（十四世紀）も修道院に鳴り響いたのである。イタリアのオペラが紹介されたのは十八世紀になってからであるが、十九世紀になっても引き続き高い人気を維持していた。ラナシェンサ期には、ジュゼップ・アンセルム・クラベーの合唱曲が人びとの熱狂的な支持を得た。一八四七年、バルセロナにオペラハウスが建設され、現在に至るまで権威を保っている。カタルーニャ音楽堂もカタルーニャ音楽活動の聖地の一つである。二十世紀の大音楽家フラダリック・モンポウの名は世界中に知れ渡っている。パウ・カザルス（一八七六〜一九七三年）は偉大なるチェロ奏者であると同時に、すぐれた作曲家、指揮者でもあった。ジョルディ・サバイはバロック音楽をみごとに蘇らせている。カタルーニャは、ムンセラット・カバリエ、ジュゼップ・カレラスらの歌手も生んでいる。一九七〇年から八〇年にかけて歌姫として名を馳せたビクトリア・ダンジェラスが声楽を学んだのもバルセロナであった。

エピローグ

本書の歴史的記述は一九七五年、フランコの死をもって終わっている。この年を選んだのは偶然ではない。一九七五年という年には、象徴的な意味以上のものがあるのである。実際にこの年を生きた人たちにとっては、祖国の解放、長いあいだ待ちわびていた解放を意味するのだ。しかも、解放は戦争の結果訪れたのではなく、また、新しい時代を瓦礫の片付けから始めなければならないこともなかった。それどころか、くたびれ色あせた「独裁」という幕の影から、カタルーニャがさっそうと現われたような印象さえある。カタルーニャは民主主義の時代に独自の役割を果たす準備ができている。また、知力、政治力、そして言うまでもなく、経済力を貯えたカタルーニャ人たちは、満を持して自由の行使に臨もうとしているのである。地下で密かに準備されていた新しいカタルーニャ社会は、意見の対立はあるにしても、過ぎ去った過去とは決別しようという意志では一枚岩である。カタルーニャ人たちは共同体を形成し、自己の存在を高らかに宣言しようとしている。そのアイデンティティーとダイナミズムは数年もすれば世界中に知れ渡ることであろう。このような政治的状況のなかで、文化も重要な役割を果たしている。公的な機関が、そして私的な団体が、カタルーニャの文化的財産を誇らしげにアピールしている。カタルーニャに生を受けた芸術家たちを「祖国に取り戻し」、ときには行きすぎではないかと思われるほどにカタルーニャ芸術の創造性と歴史の古さを謳歌する。このようなカタルーニャの復活を描こうとすればもう一冊本が必要となろう[1]。それにしても、歴史のどの瞬間をとっても、政治と文化が密接に関連しているのは興味深いことだ。それは現代でも、歴史の始めの頃でも変わりない。カタルーニャという存在の根っこは、その文化的創造性にあるのだ。「カタルーニャの政治・文化史」というものを書く意義はまさにそこにあるのである。

（1）コレクション・クセジュ『カタルーニャ』（パリ、PUF, 一九九八年）として刊行されている。

訳者あとがき

本書は、ベルサイユ大学教授 Michel Zimmermann とパリ第四大学教授 Marie-Claire Zimmermann の共著 *Histoire de la Catalogne* (Coll.« Que sais-je? » n°3212, P.U.F., Paris, 1997) の全訳である。

ミシェル・ジンマーマン（一九三七年～）は、トゥルーズ大学で、Ph・ウォルフやP・ボナシーのもとでカタルーニャの歴史を学んだ、いわゆる「トゥルーズ学派」に連なる歴史家である。専門はカタルーニャ中世史で、『紀元一〇〇〇年前後のカタルーニャと南仏』（一九九一年）などの著書がある。一九九六年、カタルーニャ学術院の会員に選出されている。

一方のマリ＝クレール・ジンマーマン（一九三七年～）は、ソルボンヌで文学を学び、カタルーニャの中世文学、とくにアウジアス・マルクの詩を専門としている。また、現代詩にも造詣が深く、ジンファレーやアスプリウの詩に関する研究もある。一九九七年、カタルーニャ学術院の会員に選出された。ソルボンヌのカタルーニャ研究センターの所長も務めている。

両著者の経歴をやや詳しく紹介したのは、それがかなりの程度、本書の特徴を表わしているからである。まず、第一の特徴は、その、歴史と文化の取り扱い方にある。原著の本文一二〇ページ余のうちちょうど半分を歴史が占め、残り約六〇ページを文学史と美術史が三対二の割合で分け合っている。通常の書き方よりも文化史の比重が大きいと言えるであろう。

第二の特徴は、中世の重視である。歴史の部分は、先史時代に始まり、現代（フランコが死去する一九七〇年代）までをカバーしているが、中世に関する記述にとくに力がこめられているという印象を受ける。文学ではその傾向がさらに顕著である。この程度の分量の文学史では普通取り上げられないような詩人たちまで登場することがその証左となろう。さらに、美術史でもロマネスクやゴシックの教会建築など中世美術に大きな関心が払われている。著者の専門分野が色濃く出ていると言えよう。

もっとも、カタルーニャの独自性が歴史の表面に現われてくるのは中世になってからであり、中世の繁栄ののちには、隣の大国のカスティーリャ王国に圧倒、吸収されてしまうので、この描き方自体に大きな違和感はないのだが。

次に、本書の邦訳の意義について考えてみたい。前述のように重点の置き方に特徴はあるものの、本書は、政治、文化の両面にわたるカタルーニャの通史として書かれたものである。

これまで、我が国では、カタルーニャの歴史は、「アラゴン王国」として西洋史に顔を出すぐらいで、まとまった形で意識されることはほとんどなかったと言って良いと思う。ビセンス・ビーベスの『スペイン——歴史的考察』（岩波書店）をはじめ、歴史書で部分的に詳しく取り上げらているケースもないではないが、それもあくまでもスペイン史の一部にすぎない。『バルセロナ〈ある地中海都市の歴史〉』（新潮社）のようなカタルーニャ文化入門書では、歴史は脇役でしかない。オーウェルの『カタロニア賛歌』

の翻訳ほか、スペイン内戦の解説書や研究書の数はけっして少なくはないが、それとて、カタルーニャの歴史のほんの一幕を語っているにすぎない。拙著『物語　カタルーニャの歴史』（中公新書）は「歴史」と題してはいるが、「物語」の素材となるエピソードが豊富な中世に関する内容がほとんどで、先史時代、古代の記述は皆無であるうえ、現代史にもほとんど触れていない。

つまり、たとえばガウディやダリ、ミロ、カザルスなどについての関心をきっかけに、さらにカタルーニャについて学びたい、それにはまず歴史から、と考える読者がいたとしても、適当な本がない、という状況なのである。

日本語で、日本人読者のニーズに合った、簡潔かつ要点を押さえた「カタルーニャ史」が書ければ一番良いのだが、その目的のためには、いまのところ残念ながら、日本のカタルーニャ研究は量、質共に充分とは言えないようである。

次善の策として考えられるのは、翻訳である。しかし、これもそう簡単ではない。もちろん、カタルーニャでは、専門的なものから一般向けの啓蒙書、学校の教科書的なものに至るまで、カタルーニャ通史は数多く出版されている。しかし、私の見たところ、いずれも帯に短し襷に長しで、日本の読者のニーズに応えられそうもない。そこで、隣のフランスに目を転じてみると、コレクション・クセジュに本書があることに気づいた。白水社編集部に翻訳出版を相談したところ、幸いなことに快諾を得ることができたというわけである。

原文で一二〇ページ余という分量で、「建国」から数えても一〇〇〇年以上（先史時代を含めれば数千年、数万年におよぶ）の歴史を持つ国の通史を、政治のみならず、文化をも視野に入れて書くという行為が並大抵のことではないのは誰の目にも明らかである。それを何とかやり遂げた両著者には感服を禁じえない。音楽史や技術発展史などがほとんど含まれていないのは確かであるが、そこまで求めるのはこのページ数では無理というものだろう。重点の置き方に幾分偏りがあるのも、メリハリとして肯定的に評価して良いのではないかと思う。

ただ一つ、問題があるとすれば、この本がもともと、フランスの読者、しかもある程度以上の教養を持つインテリを対象に書かれているということだと思う。つまり、彼らは、学校教育で身に付けた西洋史の基礎知識と南の隣人であるカタルーニャについての「常識」を有しており、著者らもそれを前提に書いているということである。当然、日本人読者には分かりにくい部分がある。しかし、これはこの種の翻訳書には大なり小なりつねについて回る問題であって、この本固有の欠点というわけではあるまい。訳者としては、そのような記述の不足を、読書の邪魔にならない程度に訳注で補ったつもりである。

この本をきっかけに、日本におけるカタルーニャ理解が少しでも深まることを望んでやまない。

二〇〇五年十二月

訳者

索引

ア行

カ行

サ行

タ行

ナ行

ハ行

マ行

ヤ行

ラ行

参考文献

最近出版されたカタルーニャ史に関する著作は数多い．バルセロナの出版社のすべてが独自の歴史を出版しようとしているのではないかと思えるほどの勢いである．次の三冊は，そのなかでも，疑いもなく最良のものである．

Histoire de la Catalogne, dir. Ph. Wolff et J. Nadal, Toulouse, Privat, 1982.

Història de Catalunya, dir. P. Vilar, Barcelone, Edicions 62, 1987-1990, 8 vol.

Història de Catalunya, Barcelone, Éd. Salvat, 1978（図版が非常に豊富である）.

次のものは，歴史が，手際よく，しかも活きいきとまとめられている．

J.-C. Morera, *Histoire de la Catalogne*, Paris, L'Harmattan, 1992.

近代史，中世史には，次の二大傑作がある．

P. Bonnassie, *La Catalogne du milieu du Xe à la fin du XIe siècle. Croissance et mutations d'une société*, Université de Toulouse-Le Mirail, 2 vol.,1974-1975 (rééd. A. Michel, Paris, 1990, 1 vol. sous le title *La Catalogne au tournant de l'an mille*).

P. Vilar, *La Catalogne dans l'Espagne moderne. Recherches sur les fondements économiques des structures sociales* (SEVPEN, Paris, 1962, rééd. Flammarion, 1977, 3 vol.).

ミシェル・ジンマーマンは、カタルーニャのアイデンティティーの起源を中世に探る研究を数多く発表している．そのうちのいくつかは『カタルーニャの諸起源，政治的解放と文化的自律』（エディシィオンス 62社，バルセロナ，1989年）に収められている．また，ジンマーマンは，カタルーニャが主権国家となった頃の文化的状況を総合的に扱った大著『９世紀から12世紀にかけてのカタルーニャにおける読み書き』（近刊，カサ・デ・ベラスケス社，マドリード）を著している．

カタルーニャ文学の入門書としては次のものがある．

M. de Riquer et J. Molas, *Història de la literatura catalana*, Barcelone, 4e éd., Ariel, 1984-1988, 11vol.

P. Verdaguer, *Histoire de la littérature catalane*, Barcelone, Barcino, 1981.

M. Bensoussan, *Écrivains de Catalogne*, Paris, Denoël, 1973 (XXe siècle).

J. Bonells, *Histoire de la littérature catalane*, PUF, « Que sais-je? », 1994.

カタルーニャ美術に関する著書も多い．最近刊行された概説書としては『カタルーニャ美術史』（エディシィオンス 62社，フランセスク・ミラヤス編，

1985～86年，全8巻）.

カタルーニャが重要な役割を果たしたにもかかわらず，あまり知られていない時代の研究としては次のものを挙げることができる.

X. Barral i Altet, *L'art pre-romànic a Catalunya (segles IX-X)*, Barcelone, Edicions 62, 1981.

ロマネスク期の歴史的研究の百科事典としては『ロマネスク・カタルーニャ』が刊行中である.

ガウディ，ミロ，ダリという偉大なクリエーターに彩られた二十世紀前半に関しては，多くの素晴らしい出版物がある．その系譜に連なるのが，画家A・タピアス，建築家R・ブフィイ，O・ブイガスといった現代の名匠たちに関する諸研究である.

カタルーニャ自治政府の文化局から，フランス語で，カタルーニャの文化財のアルファベット順の総合的，網羅的目録が出版されている．『これがカタルーニャだ。建築文化財ガイド』（バルセロナ，1988年）.

フランスの読者には，パリ第四大学のカタルーニャ研究所の図書館（9, rue Sainte-Croix-de-la Bretonnerie, 75004 Paris）が開放されていることをお知らせしておく.

訳者略歴
一九五三年生
一橋大学社会学部卒、大阪外国語大学修士課程修了
バルセロナ大学博士課程修了、文学博士
カタルーニャ語、カタルーニャ文学専攻
二〇〇三年、日本・カタルーニャ文化の相互紹介の
業績により、カタルーニャ政府からサン・ジョルディ
十字勲章を授与される。
現在、法政大学国際文化学部教授
主要著訳書
『エクスプレス・カタルーニャ語』白水社
『カタルーニャ五〇のQ&A』（新潮社）
『物語カタルーニャの歴史』（中公新書）
『カタルーニャ語辞典』（大学書林）
『カタルーニャ語文法入門』（大学書林）
アルベール・サンチェス・ピニョル『冷たい肌』
（中央公論新社）

カタルーニャの歴史と文化

二〇〇六年一月一五日印刷
二〇〇六年二月一〇日発行

訳者 © 田《た》澤《ざわ》耕《こう》
発行者 川村雅之
印刷所 株式会社平河工業社
発行所 株式会社白水社
東京都千代田区神田小川町三の二四
電話 営業部〇三（三二九一）七八一一
編集部〇三（三二九一）七八二一
振替 〇〇一九〇—五—三三二二八
郵便番号一〇一—〇〇五二
http://www.hakusuisha.co.jp
乱丁・落丁本は、送料小社負担にてお取り替えいたします。

製本：平河工業社
ISBN4-560-50896-8
Printed in Japan

文庫クセジュ

歴史・地理・民族(俗)学

18 フランス革命
62 ルネサンス
116 英国史
133 十字軍
160 ラテン・アメリカ史
191 ルイ十四世
202 世界の農業地理
245 ロベスピエール
297 アフリカの民族と文化
309 パリ・コミューン
338 ロシア革命
351 ヨーロッパ文明史
353 騎士道
382 海賊
412 アメリカの黒人
418〜421 年表世界史
428 宗教戦争
446 東南アジアの地理
454 ローマ共和制
458 ジャンヌ・ダルク
484 宗教改革
491 アステカ文明
506 ヒトラーとナチズム
528 ジプシー
530 森林の歴史
536 アッチラとフン族
541 アメリカ合衆国の地理
557 ジンギスカン
566 ムッソリーニとファシズム
567 蛮族の侵入
568 ブラジル
574 カール五世
586 トルコ史
590 中世ヨーロッパの生活
597 ヒマラヤ
602 末期ローマ帝国
604 テンプル騎士団
610 インカ文明
615 ファシズム
629 ポルトガル史
636 メジチ家の世紀
648 マヤ文明
660 朝鮮史
664 新しい地理学
665 イスパノアメリカの征服
669 新朝鮮事情
675 フィレンツェ史
684 ガリカニスム
689 言語の地理学
705 対独協力の歴史
709 ドレーフュス事件
713 古代エジプト
719 フランスの民族学
724 バルト三国
731 スペイン史
732 フランス革命史
735 バスク人
743 スペイン内戦
747 ルーマニア史

文庫クセジュ

752 オランダ史
755 朝鮮半島を見る基礎知識
757 ラングドックの歴史
758 キケロ
760 ヨーロッパの民族学
766 ジャンヌ・ダルクの実像
767 ローマの古代都市
769 中国の外交
781 カルタゴ
782 カンボジア
790 ベルギー史
791 アイルランド
806 中世フランスの騎士
810 闘牛への招待
812 ポエニ戦争
813 ヴェルサイユの歴史
814 ハンガリー
815 メキシコ史
816 コルシカ島
819 戦時下のアルザス・ロレーヌ
823 レコンキスタの歴史
825 ヴェネツィア史
826 東南アジア史
827 スロヴェニア
828 クロアチア
831 クローヴィス
834 プランタジネット家の人びと
842 コモロ諸島
853 パリの歴史
856 インディヘニスモ
857 アルジェリア近現代史
858 ガンジーの実像
859 アレクサンドロス大王
861 多文化主義とは何か
864 百年戦争
865 ヴァイマル共和国
870 ビザンツ帝国史
871 ナポレオンの生涯
872 アウグストゥスの世紀
876 悪魔の文化史
877 中欧論
879 ジョージ王朝時代のイギリス
882 聖王ルイの世紀
883 皇帝ユスティニアヌス

文庫クセジュ

社会科学

318 ふらんすエチケット集
357 売春の社会学
396 性関係の歴史
457 図書館
483 社会学の方法
616 中国人の生活
654 女性の権利
693 国際人道法
695 人種差別
715 スポーツの経済学
717 第三世界
725 イギリス人の生活
737 EC市場統合
740 フェミニズムの世界史
744 社会学の言語
746 労働法
786 ジャーナリストの倫理
787 象徴系の政治学
792 社会学の基本用語
796 死刑制度の歴史
824 トクヴィル
837 福祉国家
845 ヨーロッパの超特急
847 エスニシティの社会学